张继辰
文丽颜
著

华为的人力资源管理

的

第3版

海天出版社（中国·深圳）

图书在版编目 (CIP) 数据

华为的人力资源管理 / 张继辰, 文丽颜著. — 第3版.
— 深圳 : 海天出版社, 2012.11
（解密华为成功基因丛书）
ISBN 978-7-5507-0497-8

Ⅰ.①华… Ⅱ.①张… ②文… Ⅲ.①通信—邮电企
业—劳动力资源—资源管理—经验—深圳市 Ⅳ.
①F632.765.3

中国版本图书馆CIP数据核字(2012)第179138号

华为的人力资源管理
HUAWEIDERENLIZIYUANGUANLI

出 品 人　聂雄前
责任编辑　张绪华　许全军
责任技编　梁立新
封面设计　北京品创设计

出版发行　海天出版社
地　　址　深圳市彩田南路海天大厦　（518033）
网　　址　www.htph.com.cn
订购电话　0755-83460202(批发)　83460239(邮购)
设计制作　蒙丹广告0755-82027867
印　　刷　深圳市希望印务有限公司
开　　本　787mm×1092mm　1/16
印　　张　16
字　　数　200千
版　　次　2012年11月第3版
印　　次　2017年5月第8次
定　　价　39.00元

本套丛书在出版之后，虽然未大量宣传，但很快便受到读者的热捧和持续好评，一再重版和重印，至今仍然畅销如故，有些品种甚至一度出现断货的情况。不少企业负责人纷纷打电话来要求团购，同时也对图书的再版内容提出了很多非常有价值的建议。

华为经历了 2009 年金融危机的洗礼之后，在 2011 年国际经济形势异常严峻的情况下，销售收入依然持续增长，达到了 2039 亿元人民币，而且实现了 116 亿元人民币的净利润。这种持续增长的内因是值得我们深入研究和探讨的。鉴于此，我们对本套丛书进行了再修订。

本套再版的丛书对华为进行了最权威也是最全面、最细致的解读。除了将华为近年在管理模式、人力资源管理、企业文化和研发与创新等方面的变化进行最新深度分析之外，我们还根据一些企业高层管理者的建议，在结合华为的案例分析时，增加了华为在管理模式、人力资源管理、企业文化和研发与创新方面，对于大多数企业都有启示和借鉴的内容，对读者有更加专业的建议及启示。同时，我们对每章后面的专题、案例链接、附录等进行了精编，使内容在更具有针对性和指导性的同时，也更加精练。

前言

向华为学习什么

企业犹如明星，其命运随着潮流的变化而跌宕起伏，但华为似乎可以算是一个例外。在每一个浪尖谷底，它总是坦然以对，走着自己的路，并最终开辟出一条通往世界的扩张之路。

作为中国最成功的民营企业，华为的营业额已经步入世界 500 强的门槛，成为真正意义上的世界级企业。截至 2011 年 12 月 31 日，华为营收达到 2039 亿元，持有可用现金流为 572 亿元，稳居全球第二大电信设备商的地位，且与爱立信的收入差距进一步缩小。

"10 年之后，世界通信行业三分天下，华为将占'一分'。"华为总裁任正非当年的豪言犹在人耳。如今，华为这一梦想已然实现。华为总裁任正非凭借着自己出色的经营思想和远见卓识的管理才能，创建了华为，并带领着华为在发展中不断地壮大，从中国走向世界，使华为在世界上产生了巨大的影响并最终改写了全球电信业的"生存规则"。

《时代周刊》曾这样评价任正非：年过 60 岁的任正非显示出惊人的企业家才能。他在 1987 年创办了华为公司，这家公司已重复当年思科、爱立信卓著的全球化大公司的历程，如今这些电信巨头已把华为视为"最危险"的竞争对手。英国《经济学人》对华为也给予了极高的评价："它（华为）的崛起，是外国跨国公司的灾难。"

华为是中国企业实现国际化的一面标志性的旗帜，它所走过的路正在成为众多中国企业学习的经典教材。

华为的逆势增长有其偶然性，也有其必然性。必然性在于，它在管理方法、营销策略、战略谋定、人力资源管理、国际化、企业文化和研发策略上都有特别的成功基因，拥有了这些基因与武器，华为自然能够披荆斩棘，成为中国企业中的佼佼者。

成功基因一：管理模式

华为之所以成为中国民营企业的标杆，不仅因为它用 10 年左右的时间将资产扩张了 1000 倍，不仅因为它在技术上从模仿到跟进又到领先，更因为华为与国际接轨的管理模式。

西方人崇尚法治，而东方人则倾向于人治。华为的管理，始终是中西方管理理念的碰撞和结合。从流程和财务制度这些最标准化甚至不需质疑的"硬件"开始，华为从制度管理到运营管理逐步"西化"，潜移默化地推动"软件"的国际化。

诞生于 1995 年的《华为之歌》唱道："学习美国的先进技术，吸取日本的优良管理，像德国人那样一丝不苟，踏踏实实，就就业业。"华为最终决定向美国学习管理。

华为同 IBM、Hay Group、PwC 和 FhG 等世界一流管理咨询公司合作，在集成产品开发（IPD）、集成供应链（ISC）、人力资源管理、财务管理和质量控制等方面进行深刻变革，引进业界最佳的实践方式，建立了基于 IT 的管理体系。任正非表示：

"在管理上，我不是一个激进主义者，而是一个改良主义者，主张不断地进步"。"我们要的是变革而不是革命，我们的变革是退一步进两步"。

"先僵化，后优化，再固化"，这是任正非提出的一个著名的管理改革理论。

华为的管理优化进行得如火如荼的关键是其领袖任正非对管理的重视，尽管许多人更愿意为他贴上毛式风格的标签。但在任正非心里，只要有利于实现"成为世界级领先企业"的光荣与梦想，一切的改变和改革都是必要和必需的。任正非强势地推动了这一切。

"上述这些管理的方法论是看似无生命实则有生命的东西。它的无生命体现在管理者会离开，会死亡，而管理体系会代代相传；它的有生命则在于随着我们一代一代奋斗者生命的终结，管理体系会一代一代越来越成熟，因为每一代管理者都在给我们的体系添砖加瓦。"

在国际化管理方面，任正非判断国际化是华为度过"冬天"的唯一出路。20 世纪 90 年代中期，在与中国人民大学的教授一起规划《华为公司基本法》时，任正非就明确提出，要把华为做成一个国际化的公司。与此同时，华为的国际化行动也就跌跌撞撞地开始了。

1998 年，英国《经济学家》杂志就说过：华为这样的中国公司的崛起将是外国跨国公司的灾难。这话也许并不是危言耸听。在思科与华为的知识产权纠纷案之后，思科总裁钱伯斯表示："华为是一家值得尊重的企业。"美国花旗集团公司执行董事罗伯特·劳伦斯·库恩博士曾称，华为已经具备"世界级企业"的资质，它的崛起"震惊了原来的大佬们——如北电、诺基亚、阿尔卡特—朗讯"。

在任正非的领导下，华为成功地迈出了由"活下去"到"走出去"，再到"走上去"的惊险一跳，依靠独特的国际化战略，改变行业竞争格局，让竞争对手由"忽视"华为到"平视"华为，再到"重视"华为。

在和跨国公司产生不可避免的对抗性竞争的时候，华为屡屡获胜，为中国赢得骄傲。然而，这份骄傲来得并不是那么容易。在最初的国际化过程中，华为是屡战屡败，屡败屡战。最终华为是采用了巧妙的"农村包围城市"的办法取得了国际化的初步胜利。即使在今天，亚非拉等一些不发达的国家和地区，依然为华为创造着很大的利润。但在华为总裁任正非看来，美国才是他认定的真正意义上的全球主流市场。因为全球电信设备的最大买主大部分集中在北美，这个市场每年的电信设备采购的花费是全球电信开支的一半。而为了北美市场的破局，华为足足抗战了8年。以华为为首的中国制造业典范，正在用自主创新的技术，引领着中国制造业的复苏。

中国企业与跨国公司的距离有多远，企业"走出去"的道路有多长？华为公司的实践说明：只要不等不靠，坚定地走出去，看似遥不可及的目标可能就在眼前。

在营销管理方面，华为总裁任正非如是说："华为的产品也许不是最好的，但那又怎么样？什么是核心竞争力？选择我而没有选择你就是核心竞争力。"华为有很多成功的理由，但如果没有华为市场的成功，绝对成就不了今天的华为的。在华为，营销就是核心竞争力，华为用三流的技术卖出了一流的市场。

在创业初期，华为的跨国营销策略是"跟着我国外交路线走"。华为依照外交路线设计营销路线也是明智的选择：可以在国家外交的背景下，长期稳定海外发展方向，可以优先获得政府的支持。正如任正非所说的：正因为华为的产品在某些方面不如别人，华为才要要参加各种活动特别是国际大型会展，这样就能让更多的人知道华为，了解华为。与在国内的过分低调相比，华为在国际市场上明显要活跃得多。任正非表示：

"我们在国际市场上需要发出适当的声音，需要让别人了解华为。"

华为的客户关系在华为内部被总结为"一五一工程"，即：一支队伍、五个手段（参观公司、参观样板点、现场会、技术交流、管理和经营研究）、一个资料库。通过这个"一五一工程"，为经营好客户关系，华为人对其无微不至。华为员工常常能把省电信管理局上下领导的爱人请去深圳看海，并将家里换煤气罐等所有家务事都包了；能够从机场把对手的客户接到自己的展厅里；能够比一个新任处长更早得知其新办公地址，在他上任第一天将《华为人》报改投到新单位。这些并不稀奇的"常规武器"，已经固化到华为企业制度和文化中了。

华为接待客户的能力更是让一家国际知名的日本电子企业领袖在参观华为后震惊，认为华为的接待水平是"世界一流"的。

在战略管理方面，任正非表示："凡是战略，都是专注。"《华为基本法》第一条规定："为了使华为成为世界一流的设备供应商，我们将永不进入信息服务业。通过无依赖的市场压力传递，使内部机制永远处于激活状态。"

军人出身的华为总裁任正非很喜欢读《毛泽东选集》，一有闲工夫，他就琢磨怎样使毛泽东的兵法转化成华为的战略。仔细研究华为的发展，我们不难发现其市场攻略、客户政策、竞争策略以及内部管理与运作，无不深深打上传统权谋智慧和"毛式"哲学的烙印。其内部讲话和宣传资料，字里行间跳动着战争术语，极富煽动性。

在敌强我弱、敌众我寡的形势下，任正非受毛泽东启发创造了华为著名的"压强原则"。

"我们坚持'压强原则'，在成功关键因素和选定的战略生长点上，以超过主要竞争对手的强度配置资源。我们要么不做，要做，就极大地集中人力、物力和财力，实现重点突破。"

任正非信奉"将所有的鸡蛋都放在同一个篮子里"的原则，无论是在业务选择、研发投入还是在国际化的道路上，这种专业化战略的坚持，至今折服着诸多企业家。正是华为的远大目标和不断地坚持，使得华为走到了今天。

对于管理，任正非有着这样的体悟：

"管理就像长江一样，我们修好堤坝，让水在里面自由流，管它晚上流，白天流。晚上我睡觉，但水还自动流。水流到海里面，蒸发进入空气，雪落在喜马拉雅山，又化成水，流到长江，长江又流到海，海水又蒸发。这样循环搞多了以后，它就忘了一个还在岸上喊'逝者如斯夫'的人，一个'圣者'。它忘了这个'圣者'，只管自己流。这个'圣者'是谁？就是企业家。"

"企业家在这个企业没有太大作用的时候，就是这个企业最有生命的时候。所以当企业家还具有很高威望、大家都很崇敬他的时候，就是企业最没有希望、最危险的时候。所以我们认为华为的宏观商业模式，就是以客户需求作为产品发展的路标，企业管理的目标是流程化组织建设。同时，牢记客户永远是企业之魂。"

成功基因二：人力资源管理

任正非说：

"华为唯一可以依存的是人，认真负责和管理有效的员工是华为最大的财富，员工在企业成长圈中处于重要的主动位置。"

在华为,任正非崇尚"权力智慧化,知识资本化"。在任正非看来,企业就是要发展一群狼,因为狼有三大特性:一是敏锐的嗅觉,二是奋不顾身、不屈不挠的进攻精神,三是群体奋斗。为此华为已形成了独特的狼性企业文化,并将其上升为核心竞争力,保持了企业持续快速增长。因此,任正非在华为人力资源管理中坚持"人力资本的增值一定要大于财务资本的增值"。

任正非认为:

"对人的能力进行管理的能力才是企业的核心竞争力。"

深谙兵法的任正非把西点军校的校训"责任、荣誉、国家"(Duty, Honor, Country)贯彻进华为的每一位员工心中。通过"薪酬制度、员工培训"使员工有了责任感和荣誉感,而且把自己的事业与国家的兴盛这种崇高理想相结合,在工作中释放出巨大的能量。

华为的大规模人力资源体系建设,开始于 1996 年的市场部集体辞职。当时,华为市场部所有正职干部,从市场部总裁到各个区域办事处主任,所有办事处主任以上的干部都要提交两份报告,一份是述职报告,一份为辞职报告。2000 年 1 月,任正非在"集体辞职"4 周年纪念讲话中如此评价道:

"市场部集体大辞职,对构建公司今天和未来的影响是极其深刻和远大的。任何一个民族,任何一个组织只要没有新陈代谢,生命就会停止。如果我们顾全每位功臣的历史,那么就会葬送公司的前途。如果没有市场部集体大辞职所带来的对华为公司文化的影响,任何先进的管理、先进的体系在华为都无法生根。"

华为在人力资源上的每次调整都会引起业界的轩然大波,其真实目的在于:

"不断地向员工的太平意识宣战"。"人力资源改革,受益最大的是那些有奋斗精神、勇于承担责任、冲锋在前并作出贡献的员工;受鞭策的是那些安于现状、不思进取、躺在功劳簿上睡大觉的员工"。

华为最大的特点就是干部能上又能下,下了还能上。华为员工犯了错误下来之后,还有机会再上去。

华为不仅建立了在自由雇佣制基础上的人力资源管理体制,而且引入人才竞争和选择机制,在内部建立劳动力市场,促进内部人才的合理流动。在人才流动上,华为强调高中级干部强制轮换,以培养和提高他们能担当重任的综合素质;对低级职员则提供自然流动,爱一行干一行,在岗位上做实,成为某一方面的管理或技术专家。

成功基因三：企业文化

美国著名管理专家托马斯·彼得斯和小罗伯特·沃特曼研究美国43家优秀公司的成功因素，发现成功的背后总有各自的管理风格，而决定这些管理风格的恰恰是各自的企业文化。

任正非在《致新员工书》中写道：

"华为的企业文化是建立在国家优良传统文化基础上的企业文化，这个企业文化黏合全体员工团结合作，走群体奋斗的道路。有了这个平台，你的聪明才智方能很好地发挥，并有所成就。没有责任心，不善于合作，不能群体奋斗的人，等于丧失了在华为进步的机会。华为非常厌恶的是个人英雄主义，主张的是团队作战，胜则举杯相庆，败则拼死相救。"

任正非主导的华为特色的企业文化和任氏风格的管理思想，如"小胜在智，大胜在德""满足客户需求是华为存在的唯一理由""群体接班""静水潜流的企业文化""棉袄就是现金流"等等，深刻地影响着中国企业界，已成为中国企业家学习的样本。华为十分重视企业文化，任正非对此有着精辟的论述：

"资源是会枯竭的，唯有文化才会生生不息。"

然而在很多人的眼里，华为的企业文化被称为狼性企业文化，其中浸透着一股"狼性"。狼性精神使得华为常常用集体战斗过了强大若干倍的对手，找到了生存之法。

华为的企业文化中另一个具有辨识度的东西是《华为公司基本法》。这个基本法的意义在于将高层的思维真正转化为大家能够看得见、摸得着的东西，使彼此之间能够达成共识，这是一个权力智慧化的过程。任正非表示："避免陷入经验主义，这是我们制定《华为公司基本法》的基本立场"。"成为世界级领先企业"被写入《华为公司基本法》第一章第一条，它是华为的终极目标与最后理想。

作为一个具有改革精神的企业，华为也不断地在企业文化上进行修补。与多数陷入困境中才决定要进行改革的企业所不同的是：华为总是选择在公司风调雨顺的时候开始改革，这也是因为任正非广为人知的忧患意识。

"冬天总会过去，春天一定会来到。我们要趁着冬天，养精蓄锐，加强内部的改造，度过这个严冬"，"10年来我天天思考的都是失败，对成功视而不见，也没有什么荣誉感、自豪感，而是危机感"，"艰苦奋斗必然带来繁荣，繁荣以后不再艰苦奋斗，必然丢失繁荣"。

成功基因四：研发与创新

华为推崇创新。20多年来，在任正非的领导下，华为对技术创新孜孜追求。华为对创新也形成了自己的观点：不创新是华为最大的风险。

2001年，联想集团CEO杨元庆来华为参观时表示联想要加大研发投入，做高科技的联想。任正非以一位长者的口吻对他说："开发可不是一件容易的事，你要做好投入几十个亿，几年不冒泡的准备。"

华为如今在国际上的地位，来源于其多年来在研发上的巨额投入。在别人觉得搞技术是赔钱的买卖的时候，任正非却每年将华为收入的10%以上投入到研发中。华为始终相信客户需求导向优先于技术导向。任正非认为正是在这样一种创新精神和对技术的追求之下，使得华为成就了一系列的第一。

从一家早期以低价格竞争取胜的企业，几年之间迅速转变成技术型企业，所用时间之短，发展速度之快，让人为之咋舌。

美国著名国际投资银行家和公司战略家、现任花旗集团公司执行董事的罗伯特·劳伦斯·库恩博士表示，华为已经具备"世界级企业"的资质。他表示，虽然许多人曾经认为华为抄袭外国技术而批评它是"二流公司"，但现在，"华为已经成为世界革新领袖"，它的崛起"震惊了原来的大佬们——如北电、诺基亚、阿尔卡特—朗讯"。

第 7 章　干部选拔、培养与考核 /143

第 8 章　员工健康管理 /185

第 9 章　人才：国际化行动 /205

第10章 启示篇 /225

第1章

华为人才观

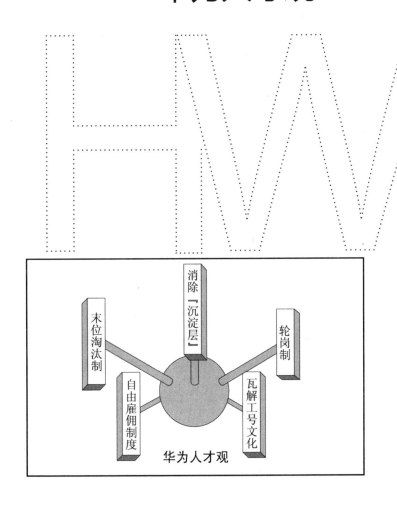

华为人才观

任正非不是乔布斯，任正非对华为的产品创造贡献为"0"，任正非本人不拥有一项专利发明，但任正非一直致力于人才培养机制、管理机制的建设，而人才和机制是华为能发展到今天的基础。

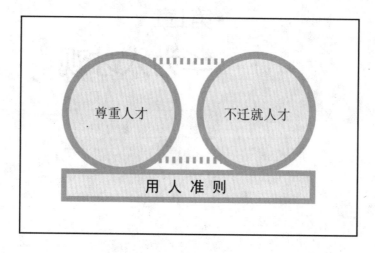

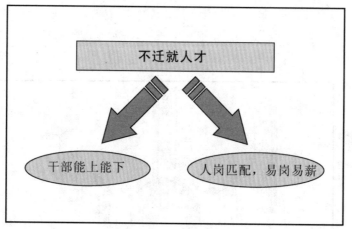

第一节　末位淘汰制

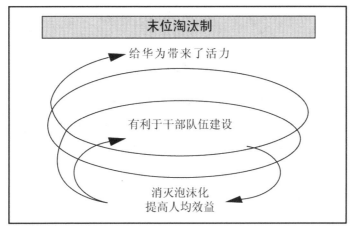

末位淘汰制是绩效考核的一种制度。末位淘汰制是指工作单位根据本单位的总体目标和具体目标，结合各个岗位的实际情况，设定一定的考核指标体系，以此指标体系为标准对员工进行考核，根据考核的结果对得分靠后的员工进行淘汰的绩效管理制度。末位淘汰制的作用：一方面末位淘汰制有积极的作用，从客观上推动了职工的工作积极性、精简机构等；另一方面末位淘汰制也有消极的方面，如有损人格尊严、过于残酷等。

对"末位淘汰"最经典的解释是 GE 前 CEO 杰克·韦尔奇所推崇的"活力曲线"（Vitality Curve）。在 GE 每年各级经理要将自己部门的员工进行严格的评估和区分，从而产生 20% 的明星员工（"A"类），70% 的活力员工（"B"类）以及 10% 的落后员工（"C"类），"通常表现最差的员工都必须走人"。就是这样一年又一年的区分与淘汰提升了整个组织的层次，这也就是韦尔奇所称的"造就一个伟大组织的全部秘密"。华为总裁任正非非常认同韦尔奇的"活力曲线"，他说：

有人问，末位淘汰制实行到什么时候为止？借用 GE 的一句话来说是，末位淘汰是永不停止的，只有淘汰不优秀的员工，才能把整个组织激活。GE 活了 100 多年的长寿秘诀就是"活力曲线"。活力曲线其实就是一条强制淘汰曲线，用韦尔奇的话讲，活力曲线能够使一个大公司时刻保持着小公司的活力。GE 活到今天得益于这个方法，我们公司在这个问题上也不是一个三五年的短期行为。但我们也不会急于草草率率对人评价不负责任，这个事要耐着性子做。

末位淘汰制是一种强势管理，旨在给予员工一定的压力，激发他们的积极性，通过有力的竞争使整个单位处于一种积极上进的状态，进而提高工作的效率和部门效益。在华为这样一个重视清除沉淀层的企业，自然十分重视"末位淘汰"。

任正非曾在一次内部讲话中指示：

每年华为要保持 5% 的自然淘汰率。

这在华为内部被称为"末位淘汰制"。

"末位淘汰制"与"裁员"有着本质区别，前者则是为了激励员工，使他们觉醒，不要落后于时代，后者主要是企业为了摆脱包袱，迫不得已而采取的手段。前者过滤的是一些无法接受挑战，或不愿作出改变的人，后者很多时候是一刀切。

给华为带来了活力

在华为，实施末位淘汰与其要求员工要保持强烈的危机意识，目的是一致的。"华为的危机，以及萎缩、破产是一定会来到的"，任正非在他那篇著名的《华为的冬天》中如是说。而当觉察到这种萎缩就要到来时，保持每年 5% 的自然淘汰率比进行裁员更有利于华为的人员管理。

任正非认为通过淘汰 5% 的落后分子能促进全体员工努力前进，让员工更有危机感，更有紧迫意识。员工为了不被淘汰，就必须不断地提高自己，调整自己，以适应公司的要求和发展形势。而这种能上能下、有进有出的竞争机制也给华为带来了活力。任正非在其文章《能工巧匠是我们企业的宝贵财富》中写道：

由于市场和产品已经发生了结构上的大改变，现在有一些人员已经不能适应这种改变了，我们要把一些人裁掉，换一批人。因此每一个员工都要调整自己，尽快适应公司的发展，使自己跟上公司的步伐，不被淘汰。只要你是一个很勤劳、认真负责的员工，我们都会想办法帮你调整工作岗位，不让你被辞退，我们还在尽可能的情况下保护你。但是我们认为这种保护的能力已经越来越弱了，虽然从华为公司总的形势来看还是好的，但入关的钟声已经敲响，再把公司当成天堂，我们根本就不可能活下去。因为没有人来保证我们在市场上是常胜将军。

对于被排在末位的员工，对于不能吃苦受累的员工，任正非的态度非常坚决：裁掉走人。在2002年的《迎接挑战，苦练内功，迎接春天的到来》一文中，任正非说道：

排在后面的还是要请他走的。在上海办事处时，上海的用户服务主任跟我说，他们的人多为独生子女，挺娇气的。我说独生子女回去找你妈妈去，我们送你上火车，再给你买张火车票，回去找你妈去，我不是你爹也不是你妈。各位，只要你怕苦怕累，就裁掉你，就走人。

有利于干部队伍建设

对于"老资格"的干部，任正非同样实施着严格的淘汰制度，他说：

我们非常多的高级干部都在说空话，说话都不落到实处，"上有好者，下必甚焉"，因此产生了更大一批说大话、空话的干部。现在我们就开始考核这些说大话、空话的干部，实践这把尺子，一定能让他们扎扎实实干下去，我相信我们的淘汰机制一定能建立起来。

在任正非看来，末位淘汰制度有利于干部队伍建设，可以让员工更有效地监督领导干部，使领导干部有压力，更好地运用权力，使清廉而有能力的干部得到应有的晋升。华为实行干部末位淘汰制，其目的也是在干部中引进竞争的机制，增强干部的危机意识。

作为一个庞大的集团，华为要想能够使其始终保持高速运转的形式，就必须构建一支优秀的管理队伍。因此，在华为，不管员工以前做过多么大的贡献，都不会享受干部终身制，而是坚持干部末位淘汰制度，建立良性的新陈代谢机制，不间断地引进一批批优秀员工，形成源源不断的干部后备资源；开放中高层岗位，引进具有国际化运作经验的高级人才，加快干部队伍国际化进程。

消灭泡沫化，提高人均效益

虽然有些人认为华为的末位淘汰机制过于残酷，使员工缺乏安全感，也不符合人性化的管理思想。但任正非认为，实行末位淘汰还是有好处的，是利大于弊的。任正非在华为例会上说道：

事实上我们公司也存在泡沫化，如果当年我们不去跟随泡沫当时就会死掉，跟随了泡沫未来可能也会死掉。我们消灭泡沫化的措施是什么？就是提高人均效益。

队伍不能闲下来，一闲下来就会生锈，就像不能打仗时才去建设队伍一样。不能因为现在合同少了，大家就坐在那里等合同，要用创造性的思维方式来加快发展。军队的方式是一日生活制度、一日养成教育，就是要通过平时的训练养成打仗的时候服从命令的习惯和纪律。如何在市场低潮期间培育出一支强劲的队伍来，这是市场系统一个很大的命题。要强化绩效考核管理，实行末位淘汰，裁掉后进员工，激活整个队伍。

实行末位淘汰走掉一些落后的员工也是有利于保护优秀的员工，我们要激活整个组织。大家都说美国的将军很年轻，其实了解了西点的军官培训体系和军衔的晋升制度就会知道，通往将军之路，就是艰难困苦之路，西点军校就是坚定不移地贯彻末位淘汰的制度。

一位已经离职的员工表示，"末位淘汰制"受到相当程度员工的诟病，为了达到5%的末位淘汰硬性指标，华为公司内部一些部门的确有可能利用公司规则漏洞淘汰一些根基不深的新员工。

但一位在华为工作了6年的老员工刘先生（化名）表示，虽然他离开华为已经5年了，但对末位淘汰制依然持肯定态度。刘先生说，裁掉的人一般有两种：一种是无法接受华为的企业文化，没法适应快节奏、高压力、常加班；另一种是在华为待的时间长了，工作的能力和积极性下降，工作效率达不到要求。

需要注意的是，末位淘汰制度有多种形式。如果末位淘汰的结果是将处于末位的劳动者调离开某一职位，换一个岗位后工作，或者对处于末位的劳动者进行培训后再工作。这样形式的末位淘汰制度就不违反我国的劳动法律。如果根据考核排名的结果直接把处于末位的员工从岗位上辞退，则是违反劳动法的。

事实上，华为那些被淘汰下来的员工并不完全是被解雇，有一部分可以进入再培训，或选择"内部创业"。《华为公司基本法》这样规定："利用内部劳动力市场的竞争与淘汰机制，建立例行的员工解聘和辞退程序。"除此之外，《华为公司基本法》还规定："公司在经济不景气时期……启用自动降薪制度，避免过度裁员与人才流失，确保公司渡过难关。"

可以看出，华为虽然一直在执行末位淘汰，但其原则正如任正非所言，目的在于提高人均效益，打造一支善于冲锋陷阵、无往而不胜的"铁军"。

华为的国际对手思科同样是利用末位淘汰制来使员工保持一贯的激情。前思科的中国区总裁杜家滨在接受媒体采访时说道："我们当然是希望大家都能够做到最好，但如果自己不愿意进步，不能保持激情，我们怎么能期望他有为客户服务的良好状态呢？待得越长的员工越要想办法调动他的积极性，使他愿意去付出更多的努力。

"我们公司有从上至下的末位淘汰制，每一季度都有。是换岗还是走人看具体情况。新人与旧人的区别就是，新人可能对新岗位有好奇心，有愿意做好的愿望，而旧人可能面对同样的问题敏感度不高了，或者是因为其他原因不愿意去付出更多，这就是换岗的意义之一。对于那些做得不好的人，我们的原则是一定要给他换岗位，如果一个人在某个岗位上有了相当多的经验，把他换走对公司也会有一定的影响，所以要慎重，但是从个人发展的角度看，我们要帮助员工成长，要帮助他们达到一个新的里程碑。"

第二节　自由雇佣制度

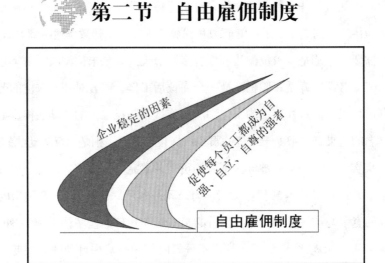

旧中国的自由雇佣制度，带有殖民主义、封建主义的印记。在雇佣劳动中实行歧视中国工人的种族等级制，并利用各种封建的、买办的关系，施加种种封建性束缚。同时，旧上海存在一个庞大的产业后备军，资本家中有所谓"找100条狗不易，招100个工人便当"的说法。这就决定了旧上海自由雇佣虽然具有多种方式，却有着招工条件苛刻、手续繁多、随时解雇、大量雇佣童工等共同点。

现代的"自由雇佣制度"强调的是个人在完善的、且容量和储量都巨大的外部劳动力市场上自由流动、行为的基础是契约。任正非一直都坚持自由雇佣制度。然而，这一制度在华为是如何实施的呢。其中，末位淘汰就是重要的途径之一。若想将整个队伍激活，就必须不断强化绩效考核管理，实施末位淘汰制度，清除那些后进员工。只有清除那些后进员工，才能让华为朝着更好的方向发展。

在1996年通信市场爆发大战前，华为的市场体系有30%的人下了岗，其中有曾经立下汗马功劳而又变为落后者的员工。这一次变革，让华为人认识到："在市场一线的人，不允许有思想上、技术上的沉淀。必须让最明白的人、最有能力的人来承担最大的责任。"从此，华为形成了干部是没有任期的说法。那些居功自傲、故步自封的人，不得不在企业快速发展的压力下，不断提高个人素质，不断提高工作能力。

华为总裁任正非在其演讲稿《华为的红旗到底能打多久》中这样说道：

公司与员工在选择的权利上是对等的，员工对公司的贡献是自愿的。自由雇佣制促使每个员工都成为自强、自立、自尊的强者，从而保证公司具有持久的竞争力。

公司采取自由雇佣制，但也不脱离中国实际，促使每个员工成为自强、自立、自信的强者，使公司具有持续竞争力。由于双方的选择是对等的，领导要尊重员工，员工要珍惜机会。对双方都起到了威慑作用，更有利于矛盾的协调。

……企业和员工的交换是对等的，企业做不到的地方员工要理解，否则你可以不选择企业，若选择了企业就要好好干。

华为以自由雇佣制来规范企业与员工的关系。自由雇佣制的核心是：使人适合于职务，使职务适合于人。为强化企业内部人才流动，华为专设了内部劳动力市场，进行人力资源的合理配置。华为让不同知识结构的人才通过换岗流动，找到自己最适合的岗；对能力上下去的老员工进行换岗或下岗培训，再竞争上岗，以"激活沉淀层"；华为对全体员工提倡：爱干什么就干什么去。一旦你干上爱干的这行，就必须干好，干成专家。说到底，华为推行自由雇佣制的目的，是对员工形成约束和激励机制，实现人才的选优、培优、留优、用优，最终让你终生为华为服务。

华为实施的"自由雇佣制度"，目的也在于要把危机意识和压力传递到每一个员工，使内部机制永远处于激活状态。

公司的制度也以适应自由雇佣制来制定。例如，公司每年向每位员工发放退休金，建立他的个人账户，离开公司时这笔钱可随时带走，使员工不要对企业产生依赖。越是这样员工越是稳定，所有的员工都会想办法不要让上级把自己"自由"掉了，上级也担心与员工处不好，不能发挥他的作用，做不出成绩来。一旦员工要被"自由"掉了，可先转入再培训，由培训大队对员工进行再甄别，看到底是这个员工确实不行，还是领导对员工的排斥、打击，所以领导也不会随意挤兑一个员工。对人才没必要一味迁就、承诺，随意承诺是灾难。企业和员工的交换是对等的，企业做不到的地方员工要理解，否则你可以不选择企业，若选择了企业就要好好干。自由雇佣制是企业稳定的因素。

把一名刚出校门的大学生培养成可以在市场、研发上独当一面的成熟员工，华为投入了大量资金。但由于对人才实行来去自由的政策，如果新员工接受完华为的系统培训，没有为华为创造一分钱的价值就离开了华为，华为明显会受到很大的损失。但是，华为不会干预员工辞职。当然，华为会尽量挽留，如果员工执意要走，也不会为难你，更不会克扣员工的任何福利、奖金。如果员工持有内部股票，你还可以很容易地套现，拿走一大笔现金。

第三节 消除"沉淀层"
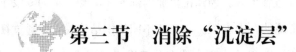

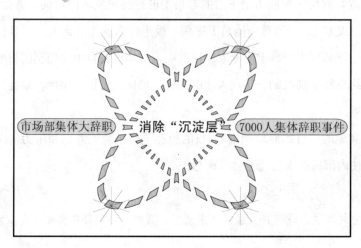

华为文化本质上是"蓝血绩效文化",带有军事化与校园文化的组织文化特征,强调业绩导向与执行、强调"上甘岭上出干部"、强调"谁最有业绩,谁最有资源分配权、发言权"。实际上是把外部竞争的压力转化为企业内部的竞争力,不断激活沉淀层,从而形成了华为"三高"的文化氛围——高压力、高绩效、高回报。

在华为总裁任正非看来,一个组织时间久了,老员工收益不错、地位稳固就会渐渐地沉淀下去,成为一团不再运动的固体:拿着高工资、不干活。因此他爱"搞运动",任正非认为,将企业保持激活状态非常重要。任正非在其题为《华为的红旗到底能打多久》的演讲中谈到:

公司在经济不景气时期,以及事业成长暂时受挫阶段,或根据事业发展需要,启用自动降薪制度,避免过度裁员与人才流失,确保公司渡过难关。其真实目的在于,不断地向员工的太平意识宣战。

2011年12月,任正非分析了华为人员流动的原因,他这样说道:

我人生中并没有合适的管理经历,从学校,到军队,都没有做过有行政权力的"官",不可能有产生出有效文件的素质,左了改,右了又改过来,反复烙饼,把多少优秀人才烙糊了,烙跑了……这段时间的摸着石头过河,险些被水淹死。

市场部集体大辞职

1995年,随着自主开发的C&C08交换机占据国内市场,华为的年度销售额达到15亿元,华为结束了以代理销售为主要赢利模式的创业期,进入了高速发展阶段。创业期涌现的一批管理"干部",许多已经无法跟上企业快速发展的需要,管理水平低下的问题,成为制约公司继续发展的瓶颈。任正非选择的方式是所谓的"集体辞职"。

1995年12月26日是毛泽东诞辰102周年的纪念日,任正非以一篇题为《目前形势与我们的任务》的万言报告,拉开了内部整训工作的序幕。会议期间,所有市场部的正职干部都要向公司提交两份报告，一份是 1995 年的工作述职，另一份就是辞职报告。

递交辞职报告的当天，任正非又专门做了动员讲话：

> 为了明天，我们必须修正今天。你们的集体辞职，表现了大无畏的毫无自私自利之心的精神，你们将光照华为的历史！

随后，时任分管市场的华为副总裁孙亚芳（现任华为董事长）做了集体辞职的激情演说。当市场部代表宣读完辞职书的时候，会场气氛达到了最高潮，许多人眼含泪水走向主席台，抒发自己的感受，台下则有人带头喊起了口号："前进，华为！前进，华为！"整训工作会议历时整整一个月，接下来就是竞聘上岗答辩，华为根据个人实际表现、发展潜力及华为发展需要进行选拔。

在这场运动中，市场部总裁毛生江也没能幸免。据《华为教父》一书的介绍，"毛生江刚进入华为不久，就担任了销售 C&C08 交换机的开发项目经理，参加研发，之后转做市场。他跟人谈的第一桩生意是东北第一台容量超过两万门的交换机项目，合同金额是 1000 万元。1995 年 11 月，毛生江开始担任市场部代总裁。这个突然的决定，意味着他辛勤经营的成果将有可能付诸东流。刚开始他无法接受，但经过短痛之后，他重振精神，一切从零开始，开始'脱胎换骨'。2000 年 1 月 18 日，毛生江被任命为华为执行副总裁。"

"任正非有一句话：'烧不死的鸟才是凤凰。'华为许多人私下里都称毛生江为'毛凤凰'或者'毛人凤'，有位高层领导曾开玩笑问毛生江，'你是不是一只烧不死的鸟？'当时身心俱疲的毛生江回答：'世界上根本就没有烧不死的鸟。'2002 年，毛生江辞职，到尚阳科技担任负责市场营销的副总裁。"

2000 年，任正非在"集体辞职"4 周年纪念讲话中，对 1996 年以孙亚芳为首的那次历史事件给予了高度的评价：

> 市场部集体大辞职，对构建公司今天和未来的影响是极其深刻和远大的。任何

一个民族，任何一个组织只要没有新陈代谢，生命就会停止。如果我们顾全每位功臣的历史，那么就会葬送公司的前途。如果没有市场部集体大辞职所带来对华为公司文化的影响，任何先进的管理，先进的体系在华为都无法生根。

当时市场部的集体辞职开了华为"干部能上能下"的先河，也被业内视为企业在转型时期顺利实现"新老接替"的经典案例。

7000 人集体辞职事件

2007 年 11 月初，新《劳动合同法》实施的前夕，华为出台了一条关于劳动合同的新规定：华为公司包括"一把手"任正非在内的所有工作满 8 年的华为员工，在 2008 年元旦之前，都要先后主动办理辞职手续（即先"主动辞职"后"竞业上岗"），再与公司签订 1～3 年的劳动合同。所有自愿离职的员工将获得华为相应的补偿，补偿方案为"N+1"模式。（N 为员工在华为连续工作的工作年限）该方案 2007 年 9 月已获通过，2007 年 10 月前华为公司先分批次与员工私下沟通取得共识，2007 年 10 月开始至 11 月底为方案实施阶段。可是，在各方面的压力面前，华为又自行终止了辞职与再续聘方案。在达成自愿辞职共识之后，再竞争上岗，与公司签订新的劳动合同，工作岗位基本不变，薪酬略有上升。

这一规定立刻遭遇媒体的轰击，各方谴责一片。大家认为，华为此举是为了花大钱"买断工龄"。于 2008 年元旦实行的《劳动合同法》中规定，企业要和工龄 10 年以上的员工签订"无固定期限劳动合同"。而这条规定显然与华为强调"保持激情""危机意识""来去自由"的企业文化相左。新《劳动合同法》规定的"无固定期限合同工"一项，是有些需要进一步解释的地方。毕竟铁饭碗一直禁锢了中国经济发展 N 多年，毕竟中国企业至今还没有全部从铁饭碗中解放出来。一朝被蛇咬，十年怕井绳。"铁饭碗"统治了中国几十年，"以厂为家"在突出主人公作用的同时，也豢养了懒汉，至今还是某些国企无效率经营的托辞，在这样的时候，推出一个"无固定期限合同工"，是有些别扭。华为的做法发出一个明确的信号，公司不是家。

华为否认此次人事改革是为了针对当时即将实施的《劳动合同法》，而是出于战略调整的需要，旨在打破"小富即安"的思想，唤醒员工的"狼性"，提升企业的竞争力。近 10 年来，华为通过快速发展，员工人数迅猛增长到 7 万余人。但在扩张的过程中，也积累了一些问题。华为希望通过辞职再竞岗，唤醒员工的血性，为公司注入新的活力。

2007 年 11 月，《IT 经理世界》资深记者冀勇庆在接受搜狐采访时说道："我了解的情况和媒体报道出入不大，这不是华为简单规避新《劳动合同法》，新《劳动合同法》是一个诱因，华为早就有人力资源调整方面的需求，这跟通信行业大环境有关。这几年电信行业竞争越来越激烈，特别是大的电信运营商出现大的合并浪潮，由此造成上游电信设备商日子越来越不好过。这两年诺基亚、西门子、阿尔卡特和朗讯都在做并购，并购之后的日子也不好过，并购后厂商利润也在下滑。没有参加并购如爱立信这样的公司最近公布了季报，日子也不好过，也是出现利润大幅度下滑。

"回到华为来看，华为现在同样面临这样一个问题。我们看华为最近财报的数据，华为去年（2006 年）合同销售额达到 110 亿美金，销售收入达到 85 亿美金，净利润 5 亿多美金，它的收入是在快速增长，但是我们看到它的利润率却在大幅度下降，近 4 年以来，从 2003 年开始华为的毛利率是 53%，2004 年下降到 50%，2005 年下降到 41%，2006 年只有 36%，下降得非常厉害。在这样一种情况下华为面临着怎样进行调整的问题，除了开源，加大在国际市场开拓力度，另外一方面就是要节流。华为从去年（2006 年）开始进行定岗定薪，很多员工重新开始在公司内部调整职位，这种调整在华为实际已经进行了一到两年时间。只不过这次新颁布的《劳动合同法》进一步促进华为对公司内部结构的调整，我是这么认为的。"

华为内部通告透露：此次人事变革并非如外界所传是"强制性"的，而是允许员工进行二次自愿选择。华为称，不排除有些员工是出于"从大流"的心理而做出"辞职"决定，因此提出这部分员工可以再次做出自愿选择的建议：他们可以退出 N+1 补偿，同时领回原来的工卡，使用原来的工号。事实上，到最后，没有任何员工提出要退回 N+1 经济补偿、领回原来的工卡，使用原来的工号。

备受关注的华为"辞职门"事件在 2007 年 12 月底终于落幕，华为人力资源部 2007 年 12 月 29 日向华为全体员工发布的一份《关于近期公司人力资源变革的情况通告》显示，在华为"7000 人集体辞职事件"中，有着 1 号工号的任正非也率先向董事会提出了退休申请，在 11 月份得到了董事会的批准。不过，经过董事会的挽留协商，任正非继续返聘担任 CEO 的职务，并从 12 月 14 日开始重新返聘上任。除了任正非提出退休申请之外，华为资料显示，还有 93 名各级主管，尤其是部分中高级主管自愿降职降薪聘用。

根据华为的通告显示，这次大辞职事件总共涉及了 6687 名高、中级干部和员工。最后的结果是，6581 名员工已完成重新签约上岗，共有 38 名员工自愿选择了退休或病休，52 名员工因个人原因自愿离开公司寻求自己其他的发展空间，16 名员工因绩效及岗位胜任等原因离开公司。

这份通告将此次事件总结定性为"7000 人人事变革事件"，并称这将与"1996 年市场部集体大辞职""2003 年 IT 冬天时部分干部自愿降薪"一样，永载华为史册。

谈到在社会上引起广泛关注的华为裁员问题，全国总工会法律工作部部长刘继臣表示，媒体对此进行报道后，全国总工会立即责成广东省总工会和深圳市总工会了解此事。华为事件的确在贯彻《劳动合同法》方面形成一些负面影响，但是现在根据各方掌握的情况，华为可能有其特殊性，目前因为职工没有提出这方面的意见，辞职后又重新上岗的职工没有提出过多反对意见，另外，他们拿的补偿金比较高。

"辞职后，我又成功应聘上岗，与公司重新签订了 3 年的合同。"刘先生在接受《IT 时代周刊》采访时这样告诉记者。刘先生是这次 5100 名辞职员工中的一个，竞岗成功后，在职位和待遇上都沿用了老合同，此外还获得了近 20 万元的补偿。不同的是代表员工的工号改变了，合同的甲方也变成了华为技术。

2007 年 12 月，华为员工老钱在接受《北京晨报》采访时说道："好像大家都在拿华为竞聘返岗说事儿，到底好不好，只有我们亲自参与的职工最清楚。"2007 年 12 月，刚从香港度假回深圳的老钱如是说。老钱 1998 年进入华为，如今是一个不折不扣的"老人儿"。从 11 月中旬开始，他拿到公司给的 20 万元补偿，之后利用 20 天带薪假期他去了香港、澳门和新加坡逛了一大圈。

"我去香港给妻子买了一堆化妆品和新衣服，给孩子买了索尼新款游戏机，自己买了一台佳能的专业相机。如果是在辞职前，我没这个闲钱更没时间。"老钱说，跟他一样辞职返岗的员工基本都获得数额不菲的补偿，重新获得相应的岗位，很多人还升了职。

即使离开了华为，有在华为的工作资历，在深圳找份新工作并不难。

任正非称，这次薪酬制度改革重点是按责任与贡献付酬，而不是按资历付酬。

根据岗位责任和贡献付出，确定每个岗位的工资级别；员工匹配上岗，获得相应的工资待遇；员工岗位调整了，工资待遇随之调整。人力资源改革，受益最大的是那些有奋斗精神、勇于承担责任、冲锋在前并作出贡献的员工；受鞭策的是那些安于现状、不思进取、躺在功劳簿上睡大觉的员工。老员工如果懈怠了、不努力奋斗了，其岗位会被调整下来，待遇也会被调整下来。公司希望通过薪酬制度改革，实现鼓励员工在未来的国际化拓展中持续努力奋斗，不让雷锋吃亏。

《南方都市报》资深评论员侯梅新曾在其文章中这样写道："光是靠招进优秀毕业生还不足以形成企业竞争力，否则中国政府将是全球最佳，世界上大概没有其他国家像中国考选公务员竞争那么激烈。华为对员工从基本技能培训到领导力、执行力的培养都有独到之处。一个经验丰富的员工显然比刚走出校门的毕业生工作能力强得多，所以重视招聘的华为更重视维系在职员工的忠诚度。但是，像虚拟股份、以工号记资历等措施，也造成部分老员工滋生惰性丧失创新激情。适逢新《劳动合同法》推出，华为遂顺势而为，用人事震荡来刺激一下老员工。"

"华为走到今天，靠的是这种奋斗精神和内部的一种永远处于激活状态的机制。"华为在声明中表示，正是由于这些员工中绝大多数是华为持股员工，因此都支持企业保持持续的创造力和活力。

华为认为"产粮区开始从发展中国家覆盖到发达国家"，面临着非常好的发展时期，同时，行业洗牌和友商重整给华为提供了难得的发展机会。华为认为，未来几年也将决定华为 20 多年来艰苦奋斗的成果是否会付之东流。"自 2002 年以来，公司为了避免濒于崩溃，系统性地进行了一系列内部管理机制和人力资源的变革，其目的就是提升竞争活力，适应外部这种压力和挑战，构筑面向未来可持续发展的基础。"华为称，这次人事变革的主因是华为已经进入了竞争最为激烈的国际市场腹地，在全球化拓展中，干部培养和选拔问题日益突出，因此制定并推行了三权分立的干部管理制度等等措施。

 ## 第四节　瓦解工号文化

工号就是工作号码，能够表明其拥有者身份、工作年限、所在部门和其他信息的工作代号。工号文化对企业的发展具有重要的贡献，主要体现在以下几个方面：

1. 有利于企业人力资源管理。尤其是企业规模较大时，建立工号制度更具有现实意义。

2. 有利于建立企业伦理。工号的信息属性便于不相熟悉的员工之间基于工号建立"下尊上、新尊老"的良好企业伦理，便于建立融洽的伦理氛围。

工号制度作为"双刃剑"，同时也会产生严重的消极影响，主要体现在以下几个方面：

1. 容易形成"官僚型"企业文化。由于对工号信息的曲解，工号的顺序变成了权力的等级，容易在企业形成"以号为尊"的不良文化氛围。

2. 工号容易造成人力资源管理者对员工人力资源管理出现"晕轮效应"，号码靠前的在工资发放、奖金发放、职务晋升等方面比靠后者更具有优势，削弱了"内部公平感"，使得新员工遭受了不公平的待遇。容易形成基于工号而不是员工本身知识、能力的人力资源管理体制。

3. 容易增强老员工的自身优越感和工作惰性，不求上进，造成企业整体效率降低。

4.造成企业经营效率的降低。例如：在华为公司，电子邮件系统已经成为企业日常运营的一个必不可少的电子化平台。但是由于不适当的工号文化的存在已经影响了企业正常的运营效率。[①]

"工号文化"在华为的发展过程中起了较为重要的作用，工号的唯一性有利于华为进行人力资源管理，工号的信息属性能够有效地反映出工号拥有者的身份、资历、地位，便于相互不熟悉的员工之间基于工号建立"下尊上、新尊老"的企业伦理文化氛围。

一位曾在华为任职的人士表示：在很多华为人眼中，工号的长短被视为炫耀的资本。工号是华为对员工的编号，任正非是 001 号，依此类推，按照入职时间先后排序。实际上，华为在成立初期为了给予员工长期激励，建立了股权激励计划，员工根据工作时间长短可以获得一定的内部股，由于股权与工作时间以及员工的工号间接相连，这就形成了华为独特的"工号文化"。

曾有华为员工这样表示："在看邮件时，如果是在我的工号之前的人发的，肯定是重要的，要看。如果和我差不多的工号，那也会看，但不会那么在意。如果显示的是比自己后面的工号，更多的时候就直接跳过了。"工号这串数字，成为华为员工论资排辈的最明显体现。华为的工号排列规则是，有人走了，工号就要空着，不会往上补人。

华为员工王小乐 2004 年进入华为。王小乐向《新世纪周刊》这样描述华为的工号文化："有事要发邮件，一般年轻职工都不理，然后就抄送给一个焊工房的女孩，一个操作工，她来得很早，几百号，一看同时抄送给她，所有人就回邮件，（以为领导在关注了）非常重视。"

同时，随着时间的发展，"工号文化"的弊端也开始显现，部分老员工单凭内部股票就可以每年获得不错的收益，与新员工的收入形成明显对比，严重打击了新员工积极性。华为的工号文化，除了让大家觉得工号靠前的人就是有钱人之外，在公司的很多方面也有很深的影响。

华为员工童小松（化名）在接受《经济观察报》记者采访时曾说道："记得

---

① 赵森.从华为的大规模"裁员"看"工号文化".企业家天地，2007.12

有一次他找到公司专门预订机票的部门预订机票，这个部门的服务员首先就是看工号，一看他的工号比较靠后，询问信息时对他呼来喝去。而在此时，进来一位工号比较靠前的同事，这位服务人员立马热情异常。"这让童小军非常郁闷。

2007年华为"7000人集体辞职事件"中，华为公司要求包括任正非在内的所有工作满8年的员工，在2008年元旦之前，都要办理主动辞职手续，竞聘后再与公司签订1～3年的劳动合同；废除现行工号制度，所有工号重新排序。001号不再是总裁任正非的专属号码。

童小松认为华为采取辞职再上岗的方式，其实就是核心高管们已经意识到"工号文化"的巨大危害。"任正非以身作则，也就没有任何人敢提出异议。所以我觉得这一政策更多的目的是企业内部自救式的改革而非只是为了规避《劳动合同法》的风险。"

"工号文化的确制约了公司的创造力。"华为在声明中表示，此次另一个目的则是针对公司逐渐出现的"工号文化"。"让公司更有活力，内部分配的不和谐需要做一些调整。"华为表示，因为配发股票期权等历史原因，一些进公司较早的员工有了一定的物质积累。

"这本来是体现了华为所倡导的'以奋斗者为本'的原则，但是却有极少数早进公司的人'小富即安'开始少了进取之心。"华为公司表示，2007年"先辞职再竞岗"也是针对这些极少数人。

"集体辞职"，让大家先全部"归零"，体现了起跑位置的均等。竞聘上岗，又体现了竞争机会的均等，这种看似"激烈"的方式的背后，实际隐含着的是一种"公平"。

2009年9月份，阿里巴巴集团10周年庆祝会的欢庆余温未退，18位创始人就不幸遭当头棒喝，阿里巴巴集团董事长马云宣布，阿里巴巴的创业元老集体辞职，重新应聘，阿里巴巴集团从此进入合伙人时代。1到18原本是作为创始人标记的工号。通过重新竞聘后，这18个人的工号数字将排在2万位之后。可见，工号文化同样让阿里巴巴这个新兴的企业深恶痛绝。

第五节　轮岗制

每年年初，在电梯里遇见 IBM 的员工时，相互问得最多的一句话就是："你今年还做去年那个工作吗？"在 IBM，轮岗是员工和管理层职业发展计划重要的组成部分。企业为什么要轮岗？企业建立轮岗制度，大多出于何种动机？

第一，培养人才

一个企业要想高速运转，各个部门就一定要协作配合。而现实当中，各部门间因扯皮产生内耗是几乎所有企业常有的事。轮岗则可以使经理人亲身体验一下其他部门的工作，从而站在更高更广阔的角度上思考问题，形成换位思考，最终成为战略性人才，并培养各部门的协作精神。

第二，控制风险

控制风险是为了防止企业内部滋生小团体而采取的措施。高管在某一固定位置上呆久了，周围就很可能滋生各种复杂的相关利益群体。在一个职位上工作时间过长的高管容易把该职位当成自己的领地，团队内部做起事情来有时候就不按公司的规则办事，而是按该高管的规则办事，占山为王以及由此滋生的腐败现象将很难避免。

第三，变相淘汰

对于那些能力不足，但是与企业文化比较融合的人，不如给他一次轮岗的机会。一方面可以给他一个找到挖掘潜能的机会，同时如果他真的不适应企业要求，也可以让他就此退出。而对于那些垄断资源对企业有威胁的人才，轮岗也是一种有效而温和的"削藩"手段，如果不接受轮岗或无法适应新岗位，企业就可以顺理成章地将其清除。

"轮岗制"是华为实行的一种体验式的快速学习方式。华为干部轮换有两种，一是业务轮换，如让研发人员去搞中试、生产、服务，使他真正理解什么叫做商品。另一种是岗位轮换，即让高中级干部的职务发生变动。任正非认为，职务变动有利于公司管理技巧的传播，形成均衡发展，同时有利于优秀干部快速成长。

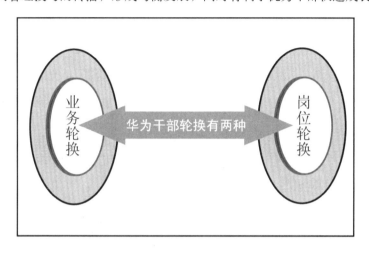

任正非主张高层干部要下基层，要在实践中增长才干，其中一个重要的保证，就是实行干部轮岗制。任正非表示：

> 干部循环和轮流不是一个短期行为，是一个长期行为。华为会逐步使内部劳动力市场逐渐走向规范化，要加强这种循环流动和培训，以在螺旋式中提升自己。

几乎所有华为员工都有过轮岗的经历，一般华为员工工作1～2年后就要换一个岗位，而且还有比这更频繁的。"轮岗制"不仅有平级向上晋升，还有降级轮换的。甚至很多人都是从副总裁被直接任命为办事处主任的。如果没有一套健全的调节机制做保障，干部队伍可能会因此而乱掉，正常的工作部署也会七零八落。这种看似残酷的培训方式成为华为培养后备人才行之有效的途径之一。同时，对于个人来讲，无论是升迁还是降级，都是人生的一笔财富。

这样频繁的进行岗位调动，首先是因为华为公司近些年来业务的急速发展，人员数量扩张得非常厉害，而且由于招聘的员工基本是大学校园的应届毕业生，根本无法知道谁在什么岗位上是最合适的,因此"轮岗"的制度可以使员工各得其所。对于那些已经在华为工作了几年的老员工而言,若不实行轮岗制,可能有的员工会想,来公司已经好几年了,除了向目前的序列发展之外,我还有什么样的发展空间呢?我还有什么样的能力呢?

其次,华为的管理者看到企业部门与部门、人与人之间的信息交流和相互协作出现了问题。用企业员工自己的话说就是"总部一些制定政策的部门不了解一线客户需求,出台的政策很难执行,瞎指挥"。"服务部门和事业部有隔阂,话说不到一块儿去"。没有切身的体会是很难做到换位思考的,轮岗制正是解决这个问题的良药。

同样,在岗位上已经工作了一段时间的员工进入一个新的领域其实并不困难。华为在考虑了员工的学习能力和工作表现后,会让他进入一个崭新的岗位,本来在机关从事管理的岗位,突然换到市场从事一线销售的也大有人在,这样做更多的,是华为希望员工通过丰富的职业经验来拓宽他们职业的视野以及事业发展的宽度。

正如上海交大人力资源研究所颜世富教授所说:"人像动物一样具有喜新厌旧的本能,任何工作,干的时间一长,就可能感到厌倦、无聊。企业有意识地安排职工轮换做不同的工作,可以给员工带来工作的新鲜感,新奇感,调动员工的工作积极性,可以让员工取得多种技能,同时也挖掘了各职位最合适的人才。"

最初提出岗位轮换的是前华为副总裁李一男,他当时给任正非写了一个报告,建议高层领导一年一换,这样不容易形成个人权力圈,造成公司发展整体不平衡。这个建议得到了任正非的认可,并立即在华为推广开来。

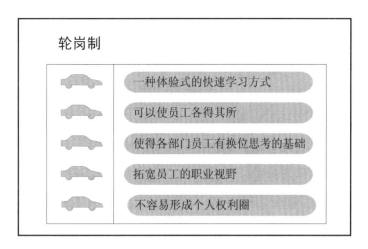

我们对中高级主管实行职务轮换政策。没有周边工作经验的人，不能担任部门主管。没有基层工作经验的人，不能担任科级以上干部。我们对基层主管、专业人员和操作人员实行岗位相对固定的政策，提倡"爱一行，干一行；干一行，专一行"。

企业实施高管轮岗的原因很多，但总结起来不外乎出于三个方面的考虑：高管急于突破职业天花板、为企业培养综合型管理人才、减小内耗和防止腐败。华为的每一位主管几乎都有轮岗、换岗的经历，调换工作地点或者部门对他们来说很平常。而调换的原因可能因为业绩不佳，需要更合适的人选来替代；也可能因为干部的业绩太好，调换到新的岗位可以把好的经验加以推广；更可能没有任何理由。因为任正非希望通过干部强制轮岗，鼓励管理者积累多项业务的管理经验，并促进部门之间、业务流程各环节之间的协调配合，同时制度化和经常化的轮岗，也有利于激活团队。

任正非在其题为《华为的红旗到底能打多久》的内部演讲中说道：

我们的干部轮换有两种，一是业务轮换，如研发人员去搞中试、生产、服务，使他真正理解什么叫做商品，那么他才能成为高层资深技术人员，如果没有相关经验，他就不能叫资深。因此，资深两字就控制了他，使他要朝这个方向努力。另一种是岗位轮换，让高中级干部的职务发生变动，一是有利公司管理技巧的传播，形成均衡发展，二是有利于优秀干部快速成长。

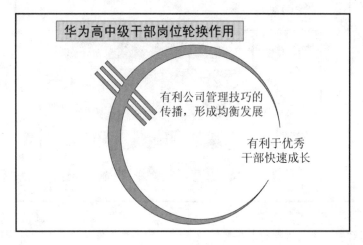

去年（2000 年）我们动员了两百多个硕士到售后服务系统去锻炼。我们是怎样动员的呢？我们说，跨世纪的网络营销专家、技术专家要从现场工程师中选拔，另外，凡是到现场的人工资比中研部高 500 元。一年后，他们有的分流到各种岗位上去，有的留下作了维修专家。他们有实践经验，在各种岗位上进步很快，又推动新的员工投入这种循环。这种技术、业务、管理的循环都把优良的东西带到基层去了。

为加强研发市场驱动机制的运作，充分理解客户的需求，促进人才在华为内部的轮换和流动，华为每年都要派一些研发干部去市场，让那些一直在实验室里与设备打交道的科研人员到市场一线，直接接触客户。

轮岗已成为企业培养人才的一种有效方式，很多成功的公司如 IBM、西门子、爱立信、联想等都已经在公司内部或跨国分公司之间建立了岗位轮换制度。

在华为的岗位轮换上，华为前执行副总裁毛生江的职业经历很具有代表性。他从 1992 年进入华为，到 2000 年升任集团执行副总裁，8 年时间，他的工作岗位横跨了 8 个部门，职位也随之高高低低的变动了 8 次：1992 年 12 月任项目组经理；1993 年 5 月任开发部副经理、副总工程师；1993 年 11 月任生产部总经理；1995 年 11 月调任市场部代总裁；1996 年 5 月，任终端事业部总经理；1997 年 1 月任"华为通信"副总裁；1998 年 7 月任山东代表处代表、山东华为总经理；

2000年1月，被任命为华为执行副总裁。毛生江这样说道："人生常常有不止一条起跑线，不会有永远的成功，也不会有永远的失败，但自己多年坚持一个准则：既然选择，就要履行责任，不管职责如何变迁，不管岗位如何变化，'责任'两字的真正含义没变。"

随着公司的发展，华为的岗位轮换制日益成熟起来，它促使员工和干部掌握多种技能，以适应环境的变化；同时避免了因在某一岗位任职时间太长，从而形成官僚主义、利益圈等弊病。

通过岗位调换华为实现了人力资源的合理配置和潜力的激活，促进了人才的合理流动，使人力资本的价值发挥到最大。

如果员工在某个岗位感觉不是得心应手，华为会允许他再重新选择一个他认为更合适的岗位，当然华为也提倡"干一行，爱一行"。为防止基层员工随意转岗，任正非指示有关部门，那些已经转岗的和以后还要转岗的基层员工，只要不能达到新岗位的使用标准，而原工作岗位已由合格员工替代的，建议各部门先劝退，各部门不能在自己的流程中，有多余的冗积和沉淀，华为每年轮岗的人数不得超过总数的17%。他警告说，哪一个部门的干部工作效率不高，应由这一个部门的一把手负责任。

俗语说："铁打的营盘流水的兵"，但如果让员工在企业内部流动，这句话就可以反过来说成"流水兵铸就铁打营盘"了。

华为前人力资源总裁张建国表示："一个人在一个岗位干时间长了，就会有惰性，产生习惯思维。但是到了新的岗位以后，会激活他的思想，大家一般都会想表现得好一些，所以在新岗位的积极性也会很高。工作几年以后，人到了一个舒适区，也就很难有创新了，所以一定要有岗位的轮换。在华为，没有一线工作经验的不能当科长。新毕业的大学生一定要去做销售员，做生产工人，你干得好就提上来。"

关于轮岗的重要性，前联想董事局主席柳传志于2003年8月在一次题为《天将降大任于联想，联想是年轻人的联想》的讲话中说道："管理人员到了一定程度以后，岗位要进行轮换。为什么要进行轮换呢？因为他在这个岗位做，实际上是体现学习能力的一个很好的方式。这个部门他做得好，是不是能够充分地研究为什么做得好。换了一个部门，还能够做得好，还能讲出道理，换了第三个部门，依然如此的话，这个人可以升了，可以承担更重要的工作。如果没有的话，仅在一个部门，很好，就往上走，这里面有偶然性。所以轮岗是一种非常重要的方式。"

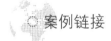

阿里巴巴创始人辞职再应聘

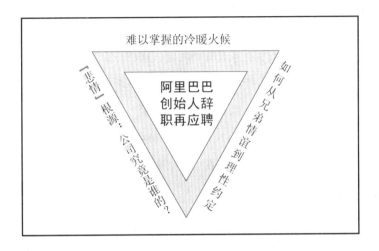

(2009年) 9月10日，阿里巴巴集团10周年庆祝会上，阿里巴巴集团董事长马云宣布，"十八罗汉"创始人集体辞职，阿里巴巴从此进入合伙人时代，创始元老将重新应聘、求职阿里巴巴。

消息一出，有人说是马云"杯酒释兵权"，有人说是为了锻造阿里巴巴企业文化走的"过场"，当然也有人说是一家成长中的中国企业走向成熟的必经之路。

而事实上，当有西方化色彩、受进化论影响的企业管理理念与重人情的东方文化相碰撞的时候，使得中国企业在发展过程中，创业元老的去留总是耐人寻味——有的是逼宫式的戏剧性冲突，有的是挥泪离场的黯然，还有的是欲说还休的复杂与无奈，当然也有貌合神离的矛盾纠葛。

创始元老的背影，要如何才能不伤感、不悲情？

难以掌握的冷暖火候

中国人的文化性格喜欢大团圆、喜聚不喜散，而西方很多管理理念是建立在"进化"论的模式上的，这也使得中国人有时不大容易接受这种冷色调，甚至一些按这种理念管理公司的企业家，会给人冷血的感觉。

华为曾经在 1995 年掀起公司第一场"先辞职再竞岗"风暴。

2007 年，为废除永久工号，任正非再度带头辞职，7000 余名工作满 8 年的老员工"自愿离职"（但可以重新竞岗），让老员工再度变为新员工。为此华为耗资 10 亿元。

在华为模式受到中国众多企业效仿的同时，这种企业"新陈代谢"变革也并非没有遗憾，曾与任正非情同父子、并被视为接班人的李一男出走华为，不能不令人扼腕叹息。由此可见，冷暖火候似乎总是难以把握。

相比而言，阿里巴巴的创业团队转型调子相对明快一些，但也并非皆大欢喜。此前出走阿里的淘宝网总裁孙彤宇，在二度创业接受采访时，表现出欲言又止的惆怅，相信很多亲手把企业从无到有、从小到大建立起来的创始人都会感同身受。

"如果有一天，你也碰到同样的情况，你会有什么样的感觉？"记者这样问阿里巴巴集团的一位副总裁。他的回答是："我会考虑三件事——一、企业是不是给了我施展才华的舞台？二、企业是不是给了我相应的、令我满意的回报？三、我在这个企业是不是幸福？"

如何从兄弟情谊到理性约定

这中间要经历痛苦的抉择，但无疑是每个创业团队都必须面临的选择。

"从（2009 年）9 月 11 日开始，阿里巴巴将进入一个新的时代，合伙人的时代，我们 18 个人不希望背着自己的荣誉去奋斗，今天晚上将是我们睡得最香的一个晚上。必须更加努力，因为今天我们辞去了创始人，明天早上我们希望阿里巴巴再度接受我们，跟任何一个普通员工一样，我们的过去一切归零，未来 10 年我们从零开始。"——— 在阿里巴巴10年庆祝大会上，马云以这种突然的方式，宣布对创业元老集体"归零"的消息。

也许中国任何一个企业，都会有从"兄弟创业"的故事、到组成建立在财产股权基础上合伙人制度的转变。万通地产董事长冯仑在他的《野蛮生长》一书中，也提到了"水泊梁山模式"的董事会。但是书中同时也提到，即便是有相同理想、追求、信仰、共同创业的六兄弟，虽然没有经济利益上的冲突，也会面临理念上的差异。

"资源的分配导致对业务方向的看法不同，加上有时的互相妥协，造成的直接结果是6个人互相之间都没权威了，这时，已经孕育着必然分开的力量了。"

冯仑的描述是："外人很难想象我们当时痛苦到什么程度"，"有的人难受得哭了"。而在从海外归国的张欣眼中，这种创始人之间的分歧很自然，并"把西方商业社会成熟的合伙人之间处理纠纷的商业规则带进了万通"。由此可见，在中国商业社会中，很多企业在成长的过程中面临情感与理性间的巨大冲突。

兄弟分家固然是一条路，后来如百度等很多企业都选择了这样一种解决方式，虽然事实证明这条道路是正确的，但当百度创始人徐勇说"最大的遗憾是没有亲历百度IPO"的时候，中国读者心中还是会涌起一丝伤感。

而如果不分家，就要淡化创始人色彩，以便为后来的人才留出上升的空间，完善激励机制，让企业能够继续保持奋进的企业文化。

与阿里巴巴面临相同"吐故纳新"选择的还有快速扩张中的腾讯，对于创业员工的功成身退，腾讯CEO马化腾回答得很直率，"有的人适合小团队创业，那我们也鼓励他去自己创业。此外我们有职业发展通道，你可以成为资深工程师，但有的创业员工没办法在技术上提升，可能连资深工程师都发展不下去，进来的人个个都比你强的话，那没办法，你就得功成身退，我也不可能把你安排到什么位置上去，这是很现实的。"

在马化腾看来，"要引用新的人才，给更合适的人以发展空间。如果还抱着很狭隘的思想，就是要霸着这个位，那最后肯定公司倒霉。"

值得注意的是，在吐故纳新的过程中，相互之间的沟通尤为重要。如果大家理念和追求一致，对公司的未来愿景的规划一致，这种沟通就会相对顺畅。据阿里巴巴内部人士解释，为淡化公司的创业元老色彩，他们借鉴了微软的合伙人制度。

不过，在微软中国荣誉总裁、新华都 CEO 唐骏的眼中，无论是微软的做法、还是阿里巴巴的做法，其实都不能算严格意义上的合伙人制度，真正的合伙人制度一是要进入决策层，二是要有独立经营的实体。

而微软所称的"Partner"是对公司优秀员工，每年公司会考虑其作出的贡献，给予优先股权以及分红等待遇，"额度在每年 1 万股到 5 万股之间，但这对于微软几十亿股的股权总数来说，实在是太小的一个比例了"。

"但如果拥有什么公司的股票就算是合伙人的话，我现在还有盛大的股票，是不是也可以被称为盛大的合伙人？"唐骏说。看来，是否该以合伙人制度来命名这种新型的商业伙伴关系，还值得斟酌，但从兄弟情谊到理性约定，中间尽管要经历痛苦的抉择，却似乎是每个创业团队都必须面临的选择。

"悲情"根源：公司究竟是谁的？

对于企业，创业元老需要再放松一点，员工需要再紧张一点。

杂物箱在汽车开动后从车顶滑下，里面的东西散落一地。这是曾在 CES 上播放的盖茨退休的搞笑视频结尾。在此视频中，盖茨到 U 2 乐队、导演斯蒂尔伯格、希拉里那里要求加入，却不约而同地遭遇到断然拒绝，都认为盖茨不是那块料。

与盖茨拿自己的退休戏谑开玩笑，中国企业创始人的离去，却似乎总带有某种"悲情"色彩。对此唐骏认为，"这是因为中国的创始人总觉得公司是自己的，'我拥有这家公司'，而西方创始人在公司上市之后，就会把企业视为公众公司。"

这一点，对于刚刚经历了 30 年商业历程的企业家和中国公司，也许都要有一个适应与学习的过程。

对于企业，创业元老再放松从容一点，员工再紧张一点，这样也许中国像马云一样的企业家们，能就此睡好觉了。

（本文摘编自《阿里巴巴创始人辞职再应聘，马云"杯酒释兵权"》，作者：李宽宽，来源：南方都市报，2009 年 9 月，本文有删节）

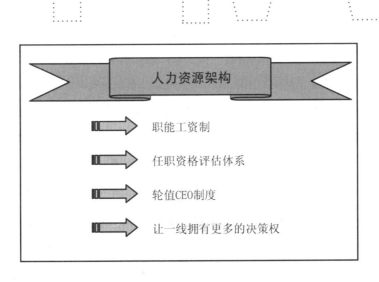

第2章
人力资源架构

人力资源架构
职能工资制
任职资格评估体系
轮值CEO制度
让一线拥有更多的决策权

如何使员工年年有进步：

1. 合理、透明、简单的绩效体系，让每个员工都清楚地知道自己付出与回报的公式，想拿多少钱就干多少业绩，清清楚楚，利益驱动。

2. 给予其适当的权限及空间。让员工拥有一定的权限空间可以很好地缓解其工作上的压力。

3. 为员工提供发展、晋升的机会。这一点很重要，能有效地激发员工的工作热情，提高他们的工作效率。

4. 人挪活、树挪死。一个人在同一岗位做的时间太长会产生倦怠、疲惫，刺激性会逐步减少。

 # 第一节　职能工资制

如果是生产线女工，完全可以每天计件考核。产品越复杂，考核越需要把握好尺度。华为非常重视考核制度的建立。考核的尺度和范围十分重要，片面希望考核就解决一切问题也是不切实际的。考核工具要能和核心价值观、人员成熟度、管理水平等匹配起来应用才有可能发挥好的作用。

管理学者史蒂格说："不能搞平均主义，平均主义惩罚表现好的，鼓励表现差的，得来的只是一支坏的职工队伍。"在中国，很多企业人浮于事，工作效率低下，其中一个很重要的原因就是没有一套公平、公正的价值评价和价值分配制度，员工干得好与不好没有差别，导致工作积极性差。从而使整个企业死气沉沉，毫无活力。

华为最初也度过了一段时间的绩效考核"混沌期"，人力资源部没有真正的绩效考核。当时的人力资源工作人员只关注其有没有及时填补公司的岗位空缺，招聘成功率及新聘员工的离职率等考核指标基本不会顾及，而定性的考核指标让人力资源工作人员对考核结果几乎漠不关心。这种"糊涂工作状态"遭到了抱怨：

"我与同事的上升空间和年终奖励好像更多的是依照上司的心情而定"。人力资源工作人员渴望也能像业务部门一样在年终时拿到一张清晰的绩效考核单。就这样，华为在懵懂中摸索着自我改变，并将这种愿望变成了现实。

事情微妙地发生了变化，2001年前后，华为人力资源工作指标越来越细化了，任务书里开始有一些对工作任务的清晰描述。

任正非认为华为的激励机制，可以激发员工的最大潜能。在华为，刚进去的硕士或博士，与本科员工在报酬和待遇上的起点是一样的，但很快，他们之间的差别就显现出来，因为个人对公司的贡献以及各自能力的差异不一样而导致所得报酬、所享受的待遇不一样。

任正非曾说过：

华为在报酬与待遇上，从不羞羞答答，而是坚定不移地向优秀员工倾斜。

华为工资分配实行基于能力之上的职能工资制；奖金的分配与部门和个人的绩效改进挂钩；安全退休金等福利的分配，依据工作态度的考评结果；医疗保险按贡献大小，对高级管理和资深专业人员与一般员工实行差别待遇，高级管理和资深专业人员除享受医疗保险外，还享受诸多健康待遇。

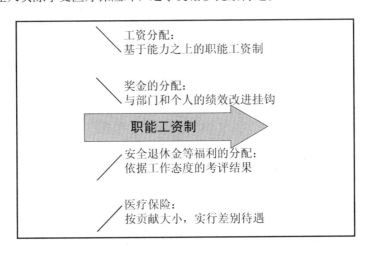

华为总裁任正非在其题为《华为的红旗到底能打多久》的演讲中谈到：

　　我们坚决推行在基层执行操作岗位，实行定岗、定员、定责、定酬的以责任与服务作为评价依据的待遇系统，以绩效目标改进作为晋升的依据。

　　我们坚决执行不断继承与发展的、以全面优质服务为标准的管理体系的绩效改进评价系统。

　　华为的工资分配是实行基于能力主义的职能工资制。职能工资，可以概括地定义为按照职务完成能力大小支付薪水的工资。职能工资制，最早在日本普及，而日本最早引进职能工资制的是五十铃汽车公司。日本1985年以后成为以职能工资为中心的时代，在工业企业中有80%的企业采用了职能工资制。

　　在中国，最早推行职能工资制的企业是华为。1996年到1997年期间，时任华为公司副总裁、人力资源部总监的张建国被多次派往香港考察几家著名的咨询公司，最终选择花费数百万元请一家美国背景的管理咨询公司HAY GROUP，为华为做薪酬体系咨询。咨询公司进驻之后，以张建国为首的人力资源部成立了一个有10多名成员的小组予以配合，最终建立起了一套相当系统和科学的职能工资体系。

　　任正非表示：

　　华为给员工的报酬是以他贡献的大小和任职能力为依据，不会为员工的学历、工龄和职称，以及内部“公关”做得好支付任何报酬。认知不能作为任职的要素，必须要看态度、要看贡献、要看潜力。

　　在华为，每个人的工资待遇都是不一样的。一般来说，待遇最好的是研发人员、市场人员。在华为，秘书属于行政人员，同一个部门，秘书的工资要比研发和市场人员少很多。按照华为公司的理解，秘书等行政人员从事的是大量重复性的、简单技能的工作，而研发和市场人员从事的是大量创造性的工作，所以待遇要拉开距离。

工资分配实行基于能力主义的职能工资制；奖金的分配与部门和个人的绩效改进挂钩；安全退休金等福利的分配，依据工作态度的考评结果；医疗保险按贡献大小，对高级管理和资深专业人员与一般员工实行差别待遇，高级管理和资深专业人员除享受医疗保险外，还享受诸多健康待遇。

任正非十分重视人才的作用，但是，这并不影响他持有一种清醒而客观的看法，那就是必须重视一些具有奋斗精神，有责任心、有能力的优秀员工。

我们尊重有功劳的员工，给他们更多一些培训的机会，但岗位的设置一定要依据能力与责任心来选拔。进入公司以后，学历、资历自动消失，一切根据实际能力、承担的责任来考核识别干部。

按照市场来进行定价和浮动制度，体现的是华为压缩成本提高效益的思想，这也进一步促进了大量的人员变动。这套标准的优越性在于，华为对员工的评价、待遇和职位不一定具有必然的关联性，在摆脱利益裙带关系之后，职位只是企业中做事的一个简单标志。去除了官本位后的任职机制，员工上升通道自然打开。

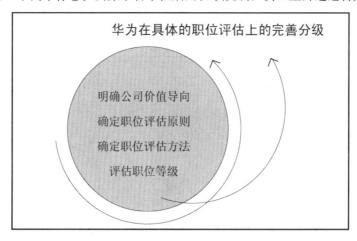

结合在华为集团多年做人力资源的经验的张建国这样总结华为薪酬体系的战略观念：其一，在薪酬体系构建上的内部公平性和外部竞争性的辩证统一；其二，

在具体的职位评估上的完善分级，即：1. 明确公司价值导向，2. 确定职位评估原则，3. 确定职位评估方法，4. 评估职位等级；其三，在确定了评价体系与标准后，进行详细、充分的调查和研究，制定完善的制度，以保证论证的合理性。

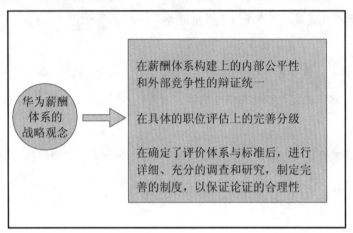

第二节 任职资格评估体系

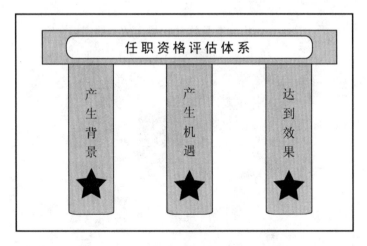

任职资格评估是员工当期绩效、潜质、及未来发展的综合评价，为了不断激励员工，实现按劳分配的原则，体现价值回报，评估结论将直接对应到薪酬体系，

基于任职资格等级的薪酬等级标准是调节和调动积极性的经济杠杆，是人力资源管理者提高人力资源效能的工具。

1998 年之前，华为提拔干部的主要方式有两种：火线提拔和因功提拔。火线提拔靠"伯乐"慧眼识英才，所选拔的干部侧重于业务方面，对企业文化的认同和综合素质方面的考核较少。因功提拔按照贡献大小，提拔那些在开拓市场、研发技术方面有重大贡献的人，但是，管理者除了专业特长，更需要的是协调能力、运筹帷幄的能力、处理危机的应变能力等多方面的素质。因此，这两种提拔方式都存在着弊端。

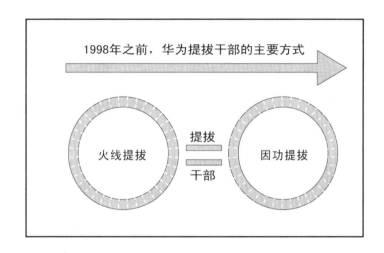

产生背景

据《华为真相》一书的作者程东升的记载："比如，1993 年 20 岁的李一男刚进入公司就担任万门交换机的研发负责人，成功后迅速被提拔为副总裁；市场人员则因为开辟'疆土'的需要，在人员短缺时先'封官'后招兵，或者以销售额决定升迁。又如 1992 年，从人民大学毕业后在华为工作两年的张建国，被派到福建设立办事处，当上了办事处主任。两年后，又升为了营销副总裁。但是张建国当时还根本不明白如何管理销售人员，之后为了搞《华为公司基本法》，才补了若干年的管理课。由此看来，华为初期的人力资源管理体系实际上是一种简单的‘赏罚体系’。特征是机会主义、人为因素和不确定性。这种状态一直持续到1995 年。”

随着华为的发展，华为总裁任正非也逐渐认识到了这一问题。任正非在其文章《不做昙花一现的英雄》中写道：

前些年，由于快速的发展，我们提拔了很多人，当时犯了“乔太守乱点鸳鸯谱”的错误，并不是我们选拔的所有干部都合乎科学的管理规律。因此，一定要把任职资格的工作扎扎实实做到底，3 ～ 5 年内形成自己的合理制度，公司就有了生存下去的希望。

1996 年，随着华为自主开发的 C&C08 交换机市场地位的提升，华为的年度销售额达到了 26 亿元。标志着华为结束了以代理销售为主要赢利模式的创业期，进入了高速发展阶段。但随着生产规模和员工队伍的迅速膨胀，华为的管理层次不断增加。人数多了，工作效率却没有相应地提高，一个原因是一些工作如秘书岗位的工作多是重复性劳动，而华为即便是秘书都是高学历招进来的，时间长了，秘书们积极性下降了；另一个原因，也是最关键的，就是当时华为还没有一个评价标准对员工们进行评估、判断，员工们不知道做到什么程度才是合格的，什么程度才是好的。

产生机遇

从 1997 年开始，中英两国政府在职业资格证书制度方面展开合作。劳动保障部和英国文化委员会是中英合作项目的执行单位。项目执行过程中，劳动保障部曾组团赴英，对英国的国家职业资格证书制度（NVQ）进行了深入考察和研究。1997 年，中英双方首先在深圳华为技术有限公司和北京外企服务总公司，开展了引进英国 NVQ 文秘（行政管理）职业标准体系及其考评技术的试点。

就在那一年，时任华为人力资源总裁的张建国就与劳动部官员一起去英国学习、考察劳动技能资格认证。在考察中张建国发现久负盛名的英国 NVQ 企业行政管理资格认证并非徒有虚名，在欧洲的巨头企业中，NVQ管理体系涵盖了所有职业，从办公室文员至公司总裁、经理所需的所有技能和知识层次都做了详细规定，每个级别反映了实际工作中该级别所需的知识和能力，以及在工作中拥有的责任和权利。

更重要的是，NVQ管理体系已经为国际社会所认定，通过这套体系完全可以解决员工的职业发展问题，而且能极大地促进员工的积极性。因此，张建国决定将异国的NVQ管理体系搬到华为来。

达到效果

1998年，华为引进了久负盛名的英国NVQ企业行政管理资格认证，尝试先在秘书部门建立任职资格认证体系，建立文秘行为规范。经过深入的学习，华为秘书人员逐步认识到：1.工作效率的提高是建立在有序工作之上的，任职资格认证正是提供了建立工作秩序的帮助。2.要处理好例行公事之外的工作，需要有思路。资格认证正是提供一个思路、一个想法，帮助工作人员寻找处理问题的共性。3.要提高工作效率，必须建立一种逻辑思维上的顺序。而任职资格认证的思路就是建立一个文秘行为规范，以及达到这一规范的机制。

在学习的同时，华为人力资源部依照英国NVQ企业行政管理标准体系建设公司人事管理和人员培训的平台，确定了文秘工作规范化和职业化的目标，并根据公司自己的实际情况修订和细化了文秘资格标准，建立了一套符合华为实际的具有多个级别和任职资格的考评体系。

在任职资格认证体系的指导下，打字速度、会议通知、会议文具、会议过程管理、会议纪要方法、办公室信息管理，以及各个部门的流程连接等成为华为秘书的任职资格。

在考评中，秘书们可以对照文秘标准来检查自己的工作，以便及时改正，做到更好。而考评员与被考评者的关系是一种帮助与被帮助的关系，考评员主要是帮助秘书早日达标，从而使秘书们在考评过程中能够比较自如、正常地发挥自己的能力。

　　另外，华为还承诺考评合格的申请人可以获得由中英机构联合颁发的国际职业资格证书，该证书可以得到社会的认可，对员工来说，这也是对他们自身价值的认可。为保证考评工作的质量，华为在试点工作中根据英国 NVQ 体系的要求实行了内外部督考的制度。通过督考工作，华为以推动员工达标为共同的目标，上下协调一致，促进了公司各管理层之间，以及上下级之间关系的改善。

　　这次任职资格尝试获得了巨大成功，不仅解决了秘书的职业发展通道问题，极大地促进了秘书们的积极性，且华为秘书部门工作效率也得到了很大提高，华为一个秘书的工作效率甚至相当于其他公司三个秘书的工作效率。

　　任正非在第二期品管圈活动汇报暨颁奖大会上讲道：

　　大家知道，我们现在推行英国的任职资格标准，但是英国的任职资格标准是一个僵化的体系。英国这个国家，法制管制和它的企业管理条例是非常规范化的，在世界上应该是高水平的，你看看英属殖民地，像新加坡、中国香港，发展都很好，都是来源于他有周密的、全面的法制环境与建设。英国的任职资格体系虽然是个非常好的体系，但就是缺少一个生命活力。我们已经把美国 Hay 公司的这个薪酬体系控制制度引入到任职资格体系，希望各级干部按照这个标准去比照比照自己，到底适不适合。我们最近考评了很多五级干部，仅用 3 级的标准考评他们，他们就满头大汗，感到 3 级太难考了。他们说，那咋办？我说，给你 3 年时间，还是要达到 5级，你自己去努力补这个课去。3 年以后有一大批达到标准，那我们就可以制度化。所以我们高级副总裁一级的任命，只有两年有效期。所以，我们确定的干部路线是从我们自己队伍尽快产生干部，就是要在实践中培养和选拔干部，要通过"小改进、大奖励"来提升干部的素质。当你看到自己的本领提升，对你一生都有巨大意义，你才知道奖金是轻飘飘的了，另外，你才知道你后头的人生命运才是最关键的。

　　我们确定了要自力更生，从自己的队伍里面来培养和选拔干部，但是我们并不排除外来的帮助。大家知道，Tower 公司现在给我们做顾问，IBM 公司正在全面充当我们的管理顾问。他们带来了很多好思想、好方法，经过我们消化以后，经过一次培训、二次培训、三次培训以后，我们就慢慢地传播到基层去。

在《商界评论》上，北大纵横咨询顾问陈颖对华为的资格认证体系有过细致的描述："华为还建立了资格认证部，组织培训了专门人员负责考评工作，同时还带动了公司员工的培训工作。秘书问题解决后，人力资源部成立了两个任职资格研究小组，每组三人，开始制定其他人员的任职资格体系。紧接着华为正式成立了任职资格管理部，对各个岗位设立相应的任职资格标准。为了使员工不断提高自身工作能力和价值，有一个更大更广的发展空间，任职资格管理部设计了管理与专业技术双重职业发展通道。在华为，6个培训中心统统归属于任职资格管理部之下。许多企业都为之头痛的培训无效问题，往往是由于缺少任职资格体系，无法得知'现有'和'应有'的差距。

"而在华为，有了任职资格体系，从某一级升到上一级，需要提高的能力一目了然，培训便具有针对性。任职资格标准牵引推动，培训体系支持配合，强调开发功能，真正解决员工职业发展问题。"

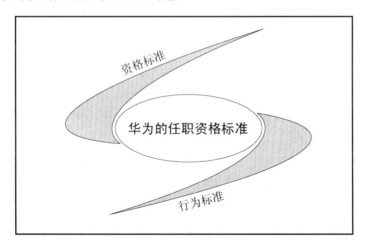

华为的任职资格标准包括资格标准和行为标准两个方面的内容。资格标准是任职资格不同能力级别表现出来的特征，如知识、经验和技能等的总和。它强调的是员工在专业领域中处在什么样的位置上，是员工技能水平的标尺，主要包括必备知识、专业经验、专业技能和专业成果四个部分。其中，专业技能是资格标准的核心，而行为标准则是完成某一业务范围工作活动的成功行为总和。

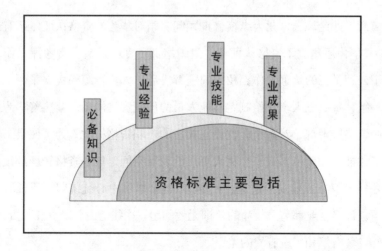

为了让各部门的员工认真对待这样的管理变革，任正非还在一篇名为《不做昙花一现的英雄》文章里这样写道：

任职资格的推行不是机械唯物主义的、形而上学的推行，而是真正达到管理进步的真正意义上的推行。

1. 世界上最难的改革是革自己的命。考核与薪酬体系是全世界最难的一项企业管理命题。管理变革中有个三段论：

（1）触及自己的灵魂是最痛苦的。必须自己批判自己。

（2）别人革自己的命，比自己革自己的命还要困难。要允许别人批评。

（3）面子是无能者维护自己的盾牌。优秀的儿女，追求的是真理，而不是面子。只有不要脸的人，才会成为成功的人。要脱胎换骨成为真人。

管理中的这个三段论很重要，一是要自己批判自己，二是要允许别人批判自己，最后是不要太要脸面，而要讲求真理。

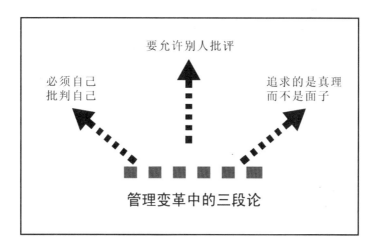

2. 企业通过任职资格来体现企业对员工的阶段性评价。

（1）华为公司不是等待目标已经实现以后再予以评价，而是在发展过程中进行评价，这使评价的准确性更加困难。当一件事情做完了来对它评价，是很容易的，当一件事情做了一半来对它评价是很难准确的。我们能等到事情全部做出来以后再做评价吗？那是不行的。我们只有在事物的发展过程中进行评价。

（2）评价是通过人做出来的，尽管委员会的委员们很公正，但他们也是人，也是活生生、有血有肉的人，也难以摆脱个人对事物、问题的认识的局限性。因此不可能做到所有的评价让人人都满意。企业要迅速发展，不能等待事事有结果之后再实行盖棺论定，每一阶段的评定必有不正确的地方。我们要求各级部门要尽量公平、公正，但我们更要求干部要能上能下，工资要能升能降，要正确对待自己，也要能受得了委屈。如果不能做到，企业必定死亡。

3. 一定要把任职资格的工作扎扎实实做到底，先推行，后平冤，再优化，3～5年内形成自己的合理制度。我认为我们公司就有了生存下去的希望。

我想，在推行任职资格的过程中肯定会遇到重重阻力，但这个体系是一定要坚持下去的。那种对人的评价靠感性的评一评、估一估的时代已不能再持续下去了。对人的评价靠"蒙一蒙""估一估"，定位的准确性是不高的，这对我们今后的发展会造成更大阻力，这样会挫伤优秀员工的积极性，同时保护了一些落后员工。所以要坚决推行干部任职资格体系。当然，外国的先进管理体系要结合华为公司的具体情况，不能教条主义。在一种制度向一种制度转换过程中，新鞋总是有些夹脚的，也可能挫伤一部分同志。我们的方法是坚决推行已经策划好的任职资格管理，然后再个案处理个别受冤屈的同志，然后展开全面优化，使发达国家著名公司的先进管理办法，与我们的实践结合起来，形成制度。

在 2000 年撰写的《华为的冬天》中，任正非再次提到"任职资格"。足见他将这一制度看成是华为实施"小改进、大奖励"的一个具体内容，也是华为实现有序管理、无为而治的一个重要依据。他说道：

我们要坚定不移地继续推行任职资格管理制度。只有这样才能改变过去的评价蒙估状态，才会使有贡献、有责任心的人尽快成长起来。激励机制要有利于公司核心竞争力战略的全面展开，也要有利于近期核心竞争力的不断增长。

通过任职资格标准的牵引和培训学习的推动，华为得以将员工的职业化能力向着世界级企业所需要的高度推进。

通过资格认证，将员工的能力与标准进行比较，从中发现差距，从而进行系统的、有针对性的培养。任职资格管理正式推行后，华为所有管理人员都必须"持证上岗"，一般级别的管理人员要晋升到部门总监职位，必须达到四级管理者任职资格标准；而要担任公司副总裁以上职位，就必须达到五级管理者任职资格标准。这就促使所有华为人员自己衡量自己的职业化能力与任职资格标准之间的差距，不断缩小差距。通过任职资格标准的牵引和培训学习的推动，华为得以将员工的职业化能力向着世界级企业所需要的高度推进。

第三节 轮值CEO制度

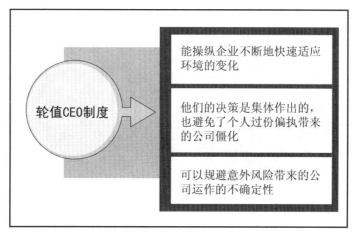

轮值CEO制度	能操纵企业不断地快速适应环境的变化
	他们的决策是集体作出的,也避免了个人过份偏执带来的公司僵化
	可以规避意外风险带来的公司运作的不确定性

几年来,华为接班人一直备受关注,2011年一度成为热点,也有许多争议。此次新的制度,对它来说,是一种长远的创新还是权宜之计?

看今天潮起潮涌,公司命运轮替,如何能适应快速变动的社会,华为实在是找不到什么好的办法。

华为2011年财报开篇,任正非在致辞中如此表白似乎隐含无奈。任正非认为,西方传统的股东资本主义,董事会是资本代表,使命是让资本增值,因此在董事会领导下实行CEO负责制,后者由职业经理人担当。华为的做法是授权一群"聪明人"轮值CEO,在一定边界内,面对多变世界有权做出决策。其他公司或有双位一体模式,即联席CEO,但轮值CEO制可谓华为首创。[①]

任正非曾说过"人人可当华为的CEO"。这是大实话! 华为不差CEO,因为华为拥有的中高层人才足以让所有企业家羡慕:几十位从基层做起曾领导过上百

---

① 轮值CEO华为接班制度新探索.硅谷动力,2012.4

亿产品线的总监级干部，几百位管理过上千名员工的部门级领导，还拥有像北电副总裁这样的外籍空降。

2011年12月，任正非在华为内部讲话时说：

大约2004年，美国顾问公司帮助我们设计公司组织结构时，认为我们还没有中枢机构，不可思议。而且高层只是空任命，也不运作，提出来要建立EMT(Executive Management Team)，我不愿做EMT的主席，就开始了轮值主席制度，由八位领导轮流执政，每人半年，经过两个循环，演变到今年的轮值CEO制度。

也许是这种无意中的轮值制度，平衡了公司各方面的矛盾，使公司得以均衡成长。轮值的好处是，每个轮值者，在一段时间里，担负了公司COO的职责，不仅要处理日常事务，而且要为高层会议准备起草文件，大大地锻炼了他们。同时，他不得不削小他的屁股，否则就达不到别人对他决议的拥护。这样他就将他管辖的部门，带入了全局利益的平衡，公司的山头无意中在这几年削平了。

2008年以任正非为首的EMT成员发表"自律宣誓"，杜绝以关联交易为核心的各种不良行为。任正非的誓词是："只有无私才会公平、公正，才能团结好一个团队；只有无私才会无畏，才能坚持原则；只有无私，才敢于批评与自我批评，敢于改正自己的缺点，去除自己的不是；只有无私才会心胸宽广，境界高远，才会包容一切需要容纳的东西，才有能力肩负起应该承担的责任。我郑重承诺：在任期间，决不贪腐，决不允许亲属与公司发生任何形式的关联交易，决不在公司的重大决策中，掺杂自私的动机。"任正非表示：

华为是一个以技术为中心的企业，除了知识与客户的认同，我们一无所有。由于技术的多变性，市场的波动性，华为用了一个小团队来行使CEO职能。相对于要求其个人要日理万机，目光犀利，方向清晰……要更加有力一些，但团结也更加困难一些。华为的董事会明确不以股东利益最大化为目标，也不以其利益相关者（员工、政府、供应商……）利益最大化为原则，而坚持以客户利益为核心的价值观，驱动员工努力奋斗。在此基础上，构筑华为的生存。授权一群"聪明人"作轮值的CEO，让他们在一定的边界内，有权力面对多变世界做出决策。这就是轮值CEO制度。

任正非认为，西方传统的股东资本主义，董事会是资本代表，使命是让资本增值，因此在董事会领导下实行CEO负责制，后者由职业经理人担当。

过去的传统是授权予一个人，因此公司命运就系在这一个人身上。成也萧何，败也萧何。非常多的历史证明了这是有更大风险的。传统的CEO为了不辜负股东的期望，日理万机地为季度、年度经营结果负责，连一个小的时间缝隙都没有。他用什么时间学习充电，用什么时间来研究未来，陷在事务之中，怎么能成功。华为的轮值CEO是由一个小团队组成，由于和而不同，能操纵企业不断地快速适应环境的变化；他们的决策是集体做出的，也避免了个人过分偏执带来的公司僵化；同时可以规避意外风险带来的公司运作的不确定性。

任正非认为，家族继承要依据世代相承的优秀文化，单靠血脉不能成功，中国没有产生罗斯柴尔德、洛克菲勒、肯尼迪家族的土壤，而华为员工持股相当于形成一个异姓非血缘的"家族"，要依靠文化传承。

他们轮值六个月之后卸任，并非离开核心层，他们仍在决策的核心层，不仅对业务的决策，而且对干部、专家的使用都有很大的力量与权威。轮值CEO是一种职责和权力的组织安排，并非是一种使命和责任的轮值。轮值CEO成员在不担任CEO期间，并没有卸掉肩上的使命和责任，而是参与集体决策，并为下一轮值做好充电准备。

轮值期结束后并不是退出核心层，就可避免了一朝天子一朝臣，使优秀员工能在不同的轮值CEO下，持续在岗工作。一部分优秀的员工使用不当的情况不会发生，因为干部都是轮值期间共同决策使用的，他们不会被随意更换，使公司可以持续稳定发展。同时，受制于资本力量的管制，董事会的约束，又不至于盲目发展，也许是成功之路。不成功则为后人探了路，我们也无愧无悔。

华为现任三位轮值 CEO 由三位副董事长胡厚、徐直军及郭平担任，轮值 CEO 制度顺利运转的核心，在于任正非的存在及对公司的掌控。华为创始人没有最大股权，后续继承人无法通过资本力量实现权力制衡和集中，也不计划实现家族控制接班，如此，任正非本人的声望和影响力无法继续发挥作用。

对此内部也曾引发较大争议，2011 年报中再发《董事会领导下的 CEO 轮值制度辩》，似在平息争议。任正非表示：

我们不要百般的挑剔轮值 CEO 制度，宽容是他们成功的力量。

"异姓非血缘"能否实现华为组织架构的稳定和持续发展？西方职业经理人制度之所以能经受市场和时间考验，在于董事会成员代表股东行使权力，资本力量成就了董事会相互牵制和基本平衡。同时，法律对这种权力给予保障，董事会为实现资本增值目标，聘请职业经理人担任 CEO 进行公司管理。

2011 年 12 月，任正非在华为内部的讲话：

作为轮值 CEO，他们不再是只关注内部的建设与运作，同时，也要放眼外部，放眼世界，要自己适应外部环境的运作，趋利避害。我们伸出头去，看见我们现在是处在一个多变的世界，风暴与骄阳，和煦的春光与万丈深渊……并存着。

华为的交接班是文化的交接班，制度的交接班，这些年一直在进行着，从没有停歇过。

第四节　让一线拥有更多的决策权

我们在这困难的一年，同步展开了组织结构及人力资源机制的改革。改革的宗旨是，从过去的集权管理，过渡到分权制衡管理，让一线拥有更多的决策权，以适应千变万化中的情况及时决策。这种让听得见炮声的人来呼唤炮火的办法，已让绝大多数华为人理解并付之行动。我们确定了以代表处系统部铁三角为基础的，轻装及能力综合化的海军陆战队式的作战队形，培育机会、发现机会并咬住机会，在小范围完成对合同获取、合同交付的作战组织以及对重大项目支持的规划与请求；地区部重装旅在一线的呼唤炮火的命令下，以高度专业化的能力，支持一线的项目成功。地区部是要集中一批专业精英，给前线的指挥官提供及时、有效、低成本的支持。我们同时借用了美军参谋长联席会议的组织模式，提出了片区的改革方案。片区联席会议要用全球化的视野，完成战略的规划，并对战略实施进行组织与协调，灵活地调配全球资源对重大项目的支持。"蜂群"的迅速集结与撤离的一窝蜂战术，将会成为新一年工作的亮点，并以此推动各地区部、代表处、产品线、后方平台的进步。今（2009 年）、明（2010 年）两年市场服务的组织变革，一定会促进我们成为全球最主流的电信解决方案供应商。也一定会提升竞争能力，形成利润能力，实现各级组织向利润中心为目标的组织及机制的转移和建设，并实现 2010 年销售额 360 亿美元的进步。

2009 年 12 月 31 日，任正非在其文章《春风送暖入屠苏——2010 年新年献词》中如上写道。

任正非呼喊"让一线拥有更多的决策权""让听得见炮声的人，来呼唤炮火"。华为基于这种理念，建立了以客户经理、解决方案专家、交付专家组成的工作小组，形成面向客户的"铁三角"作战单元，这代表着华为从过去的集权管理，过渡到分权制衡管理，让一线拥有更多的决策权，以适应情况千变万化中的及时决策。"让听得见炮声的人来决策"其实质就是组织的决策权下沉，它不仅涉及指挥者的个人管理风格的调整，还涉及组织的机构改革与深层次的组织文化建设等方面的问题。

著名管理专家和并购专家王育琨坚信"答案永远在现场"。而任正非所呼喊的"让一线听见炮火"正是"答案永远在现场"的最好呼应。王育琨分析道："没有人比他更了解华为，没有人比他更了解他自己。20年的打拼，为了保证资源的整体使用，他不得不集权。为了维护权威，又不得不从上到下设置一系列的控制点，由此形成了一个庞大的体系，这个体系曾经有效保证了政令的统一。可是，无形中却也削弱，甚至限制了一线上的创造力。时过境迁，他渐渐地发现，解决问题，不再是头等重要的事情，与庞大体系的协调才是重要的节点。一线为解决特定问题，要花掉 2/3 以上的时间向上面争取资源。从一线摸爬滚打出来的任正非，意识到了一种深切的危机正在逼近。美国金融危机爆发更让他惊醒。"更是在金融危机之中，任正非决定对华为再进行一次人力资源改革。任正非表示：

明年（2010年）我们将对研发等后方机构进行改革，以适应让听得见炮声的人来呼唤炮火的管理模式的转变。

为了保证这种授权机制改革的运行，我们要加强流程化和职业化建设，同时加强监控体系科学合理的使用。IFS 给我们的最大收益是，支持我们这种以前线指挥后方的作战模式成为可能，随着大量的有使命感、责任感的 CFO 派往前方、前线，作战部队的作战会更加科学合理。为了实现我们的远大理想，我们要抛弃狭隘，敞开胸怀，广纳天下英才，以成功吸引更多有能力的人，加入我们的奋斗队伍。我们要加强本地化建设，提升优秀员工的本地化的任职能力。我们自身要英勇奋斗，不怕艰苦勇于牺牲，天将降大任于你们，机会对任何人都是机会均等的。对内我们要允许不同意见、不同见解的人存在，基层干部要学会善待员工，不要一凶二恶，我们选择更多的有成功实践经验的人，加入各级管理队伍。只有我们的队伍雄壮，才会有成绩的伟大。

我们要坚持从成功的实践中选拔干部，坚持"猛将必发于卒伍，宰相必取于州

郡"的理念，引导优秀儿女不畏艰险、不谋私利，走上最需要的地方，并长期保持
艰苦奋斗的牺牲精神，永远坚持艰苦朴素的工作作风，在不同的岗位，不同的地点
加速成长，接受公司的选择。我们的干部要严格要求自己，要聚焦于本职工作，我
们要坚持三权分立的干部监察制度，否定、弹劾不是目的，而是威慑，使干部既可
以自由地工作，而又不越轨。我们也要从各级党组织中选拔一些敢于坚持原则、善
于坚持原则的员工，在行使弹劾，否决中，有成功经验的员工，通过后备队的培养、
筛选，走上各级管理岗位。我们要充分发挥干部后备队选拔、培养干部的作用，使
一些优秀的员工，找到更适合他们的岗位。我们的干部要坚持实事求是的工作作风，
敢于讲真话，不捂盖子，报喜更报忧，公平对待下属与周边合作，敢于批评公司及
上级的不是。我们反对唯唯诺诺、明哲保身，这样的人不适合作为管理干部，我们
在新一年要调整他们的工作。不敢承担责任、观察上级态度，是不成熟的表现。那
种工作方法粗暴，是缺少能力的表现。我们在新一年中要逐步减少这类干部。

　　海尔所实行的"自主经营体"同样是为了让一线拥有更多的决策权。当信息
化时代来临，海尔首席执行官张瑞敏发现，仅凭员工手中的资源，无法满足用户
需求；需要管理者搭建一个及时给员工提供资源的机制和平台。把"正三角"变
成"倒三角"，员工在最上面，直接面对用户需求；领导在下面，提供资源和平台，
帮助员工去满足用户需求。2009年6月,张瑞敏在"沃顿全球校友论坛"上演讲道：
"颠覆组织结构，将一个'正三角形'的组织倒转过来，变成'倒三角形'的组织。
客户在最上面，然后是一线经理、员工，最高领导在最下端负责为经理们提供资源。
每个部门都要面对自己的客户，我们把它们叫做'自主经营体'。"

　　"今年（2009年）4月，我和郭士纳——IBM公司的前首席执行官——讨论
了这一议题。他说，这是一个很好的方向。但是，他在IBM公司任职期间并没有
这么做，主要原因有两点：第一，如果你要求一线经理直接与客户打交道，那么，
他们就可能会忽视市场中的新机会；第二，如果为一线经理提供支持的人不能提
供必要的资源，那么，他们便不得不自行寻找资源，从而，会造成客户的不满。"

　　"我们解决这两个问题的方法是，把损益表做到每一个团队，这个损益表是

描述团队对内部客户承诺的某种内部契约。我们也进行了一些试点,效果还不错。而最高领导者要负责寻求市场中新的机会。"

"比如,在改革之前,你的销售目标可能是 100 万元,之前是公司资产,现在你必须要增加到 110 万元或者是 120 万元。如果你增加得更多,那么,你也能得到更多。"

"这种方式有几个优势:第一,可以适应快速变化的市场需求。一线经理可以自行做出决策,无需等待上司的反馈。第二,解决了内部博弈的问题。每个人都有自己的市场目标,个人利益要和市场目标协同起来,变成双赢。"

"尤其是在中国,员工都很聪明,有时候,他们会浪费公司的钱办自己的事。现在,如果我给你赋予了全部自主权,这样,如果你运作增值,你就能得到更多了。如果你亏损的话,你就没有工资了。"

据《中国企业报》报道,负责经营河南海尔冰箱市场的一位员工 2009 年的业绩比 2008 年翻番增长,他说:"现在有一个团队在提前帮我解决产品、物流、售后等方面的问题,我能更快地满足客户用户需求!"他还表示:"是否为我提供了资源,决定了这个团队中每个人的收入。目前海尔在推进'人单合一自主经营体'机制,正在探索将经营体为客户创造的价值转化成每个人的收入,即时在信息系统里看到。"

第3章

人才培养机制

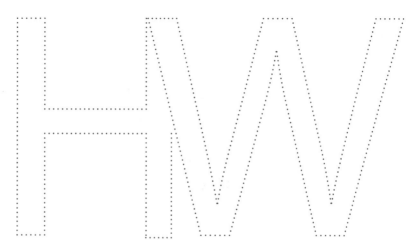

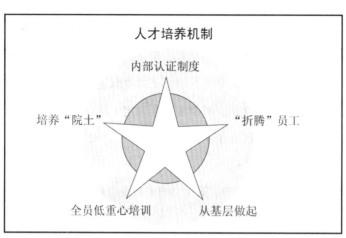

人才培养机制

内部认证制度

培养"院士"　　　"折腾"员工

全员低重心培训　　从基层做起

华为要培养优秀的科学家、营销专家、管理家，但我们整个培养工作要实行"低重心"战略，要重视普通员工和普通岗位的培训。要苦练基本功，培养过硬的钳工、电工、厨工、库工……工程师、秘书、计划员、统计员、业务经理……每一个人、每一件工作都有基本功。

——华为总裁　任正非

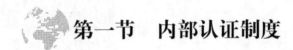

第一节　内部认证制度

学校和企业是两个性质不同的机构，学习成绩、学历是学校评价学生的重要依据，但企业就不是如此了，华为是以员工的贡献进行评价的。在华为，新员工上岗前，基本工资是按照学历、成绩等因素确定；培训合格正式上岗后，员工的工资按照对公司作出的贡献来评价。

进入华为并不意味着高待遇，因为公司是以贡献定报酬的，凭责任定待遇。

……

以贡献来评价（员工），而不是以知识来评价员工，这是企业价值评价体系和价值分配体系公正性和公平性的客观基础。

在华为，员工的机会都是均等的，只要在自己的岗位上有所贡献，就会得到相应的回报。任正非在其题为《华为的红旗到底能打多久》的演讲中说道：

怎么使员工各尽所能呢？关键是要建立公平的价值评价和价值分配制度，使员工形成合理的预期，他相信各尽所能后你会给他合理的回报。而怎么使价值评价做到公平呢？就是要实行同等贡献，同等报酬原则。不管你是博士也好，硕士也好，学士也好，只要做出了同样的贡献，公司就给你同等的报酬，这样就把大家的积极性都调动起来了。

2011 年 1 月 4 日，任正非在华为大学干部高级管理研讨班上的讲话中说道：

华为一贯不重视学历，是因为高学历不一定是高素质、高能力。但忽略了另外一面，对低学历自学成才的人的认可。我们将在 12 级及以下的员工中，推行同等学力的认证。这种认证不是以知识为中心，不以考试为基尺，而是看岗位的表现，来确认人的能力。例如：在此职务承担者中，大多数人是什么学历，因此，在这项工作中的无学历者，低学历者如果在此项工作中是胜任的，就应被认定为有这种学历能力。华为大学发给证书，当然这种证书只是内部使用的，到社会上人家不承认，所以优秀的骨干不要走，出去没人认同你。

我们要让员工聚焦在工作中，而不是聚焦去准备考试，这样做才是成功的，聚焦考试并不创造价值，公司给学历还吃了亏。这样就为自学成才的人，冲破 13 级瓶颈提供台阶，同时可以鼓励更多的人学习。

第二节 "折腾"员工

在华为，几乎所有的高层管理者，都不是直升上去的。今年你还是部门总裁，明年可能就成了区域办事处主任，后年可能又到海外去开拓新的市场。几起几落、经受若干失败的打击，是司空见惯的事情。因此，华为人对自己的成就和所处的位置，都能保持一种比较平常的心态，一方面，不会居功自傲，更不会去考虑谋取所谓的"终身职位"；另一方面，作为 IT 企业，华为集团年轻员工很多，为了让他们尽快成熟，华为总裁任正非几乎用一种极度激进的磨砺方法"折腾"他们。几起几落，经受若干失败的打击是司空见惯的事情。华为有一句名言："烧不死的是凤凰"，意思是只有经得起"折腾"的人，才是真正的优秀人才。

任正非曾在与员工对话时说：

人的一生太顺利也许是灾难，如果注意看，就会发现你受的挫折是福不是祸。所以我和人力资源部不断地讲，录用一个干部，最主要是考虑这个人是不是曾经受过重大挫折，并且已经改进了，这是一种宝贵的财富。

任正非在《致新员工书》中，对那些经受培训"煎熬"的学生充满期望：

实践改造了人，也造就了一代华为人。您想做专家吗？一律从工人做起，已经在公司深入人心。进入公司一周以后，博士、硕士、学士，以及在内地取得的地位均消失，一切凭实际才干定位，已为公司绝大多数人接受，希望您接受命运的挑战，不屈不挠地前进，不惜碰得头破血流。不经磨难，何以成才。

同样，前联想集团董事局主席柳传志有一句名言："折腾是检验人才的唯一标准。"他有两个好的接班人：杨元庆、郭为。殊不知，柳传志为培养这两个人，前后"折腾"了很长时间。

柳传志把郭为带进联想之后就拿出了他培养人才的法宝"折腾人"来磨炼郭为。在 1991 年以前,柳传志先后让郭为担任过多种职务,如:公关部经理、办公室主任等。到了 1991 年,柳传志把孙宏斌撤换掉,让当时任集团办公室主任的郭为担任集团公司业务二部的经理,收拾孙宏斌留下来的残局。

当时,郭为要面对的是将要触动一些人既得利益的艰巨任务。"小心小命!""把你扔到嘉陵江去!"郭为受到了各种各样的威胁。也就是从这个时候开始,郭为在联想里获得了一个"替老板堵枪眼"的评价。随后,柳传志把 28 岁的郭为提升为集团公司的企划部总经理,进入了 11 人的总裁室。然而,柳传志对郭为的"折腾"并没有结束。1994 年郭为又被任命为联想集团大亚湾工业投资公司总经理。面对房地产这个全新的行业,郭为受到了很大的挑战,他说:"就像把我扔到了一个四面都是玻璃的井里面,我爬也爬不上去,因为很滑,只能自己在那里面想怎样去解决这个问题,没有人能够帮到你……"虽然任务相当艰巨,郭为还是坚持了下来,并很好地完成了任务,工业园区投资的业务明显好转。1996 年,香港联想出现亏损,柳传志又把郭为调去香港担任香港联想集团副总经理,整顿香港联想。

在郭为的整顿下,香港联想亏损情况出现好转。从 1997 年起,郭为被任命为联想集团执行董事、高级副总裁,并兼任联想科技发展有限公司、联想系统集成有限公司总经理。

2000 年,柳传志把联想一分为二,将联想科技、联想系统集成和联想网络公司从联想集团剥离出来,组成神州数码控股有限公司,郭为任总裁兼首席执行官。

柳传志曾这样说:"有这样一个人,就能开这样一块业务,没有,就不能开,我把他们看成无价的资产,比什么都重要。"

第三节　从基层做起

　　华为在披露其 2010 年财报时相较往年财报新增加的一项内容——公司董事会、监事会成员及其简历、照片。若稍作统计你便会发现，其中有相当大的比例是鲜活和年轻的面孔。华为董事会、监事会成员共 18 人，除董事长孙亚芳、CEO 任正非外，其余 16 人，仅有 1 人出生于 20 世纪 50 年代，9 人出于 60 年代，3 人出生于 70 年代，3 人不详。原董事会成员及华为创业元老纪平、费敏等人不再出现在高管名单中。他们共同的特质，除了年轻，就是追随华为 15 年以上从他们的经历看，无一不来自市场或研发一线，从基层做起。

　　时光倒流至 1999 年，华为总裁任正非与新员工的一段调侃式对话，至今仍耐人寻味。新员工说："我是刚毕业的，我感觉很多优秀的人才都出国了，你怎么看待这件事？"任正非这样回答道：

　　华为公司都是三流人才，我是四流人才。一流人才出国，二流人才进政府机关、跨国企业，三流、四流的人才进华为。只要三流人才团结合作，就会胜过一流人才，不是说三个臭皮匠顶一个诸葛亮吗？

　　10 多年后的今天，这场"三流人才"与"一流人才"的战争，以令人惊诧的战果印证了任正非当年的预见。

　　虽然求贤若渴，任正非也认识到青年学生的最大弊病是理想太大，因此他制定了一项铁律：反对空洞理想，做好本职工作，没有基层经验不提拔。任正非曾说过，华为不是以学历、资历定待遇和报酬的，而是以能力和贡献来定待遇和报酬。而能力和贡献又是通过实践来检验的，华为希望每个人都要有实干精神。

　　原华为人力资源部培训部张志学讲了这么一个案例："北京大学一位计算机博士，在联想做了柳总（柳传志）的秘书，在朋友的劝说下到了深圳华为，他以为去了华为，就能谋到一官半职，但是呢，不幸的是，他到华为去南湖去做电焊工，因为这是华为的制度，所有的人都要从最基层开始做。这是他人生最灰暗的时期，太太已经辞去了新华社记者的职务，没想到他来深圳做了电焊工，很多人就离开了，但是他坚持下来了。很快他到了总部，从总部很快到了新疆办事处，很快又调到南通办事处。"

任正非说到做到，进入华为学历便自动消失，凭个人的实践去获取机会。这样的人才升级制度也被称作"博士当工人"：

让他们真正理解什么叫商品，从对科研成果负责转变为对产品负责。

《华为公司基本法》中有着这样的记述：

共同的价值观是我们对员工做出公平评价的准则；对每个员工提出明确的挑战性目标与任务，是我们对员工的绩效改进做出公正评价的依据；员工在完成本职工作中表现出的能力和潜力，是比学历更重要的评价能力的公正标准。

华为奉行效率优先、兼顾公平的原则。我们鼓励每个员工在真诚合作与责任承诺的基础上，展开竞争，并为员工的发展，提供公平的机会与条件。每个员工应依靠自身的努力与才干，争取公司提供的机会，依靠工作和自学提高自身的素质与能力，依靠创造性地完成和改进本职工作满足自己的成就愿望。我们从根本上否定评价与价值分配上的短视、攀比与平均主义。

2000年9月，华为的一位员工，清华大学博士杨玉岗在其文章中这样记述道："记得1998年初刚进华为的时候，公司正提倡'博士下乡，下到生产一线去实习、去锻炼'。实习完之后，领导让我从事电磁元件的工作，当时想不通，有一种不被重用、被埋没的感觉，认为自己是堂堂的电力电子专业博士，理所当然应该干项目，而且应该干大项目，结果却让我干电磁元件这种'小事'，既无成就感，又无发展前途，而且只能用到我所学专业知识很小的一部分，所以不值得为'电磁元件这种小事'付出时间与精力，不值得去坐这种冷板凳。当时只是出于服从领导的分配而硬着头皮勉强干上电磁元这件'不起眼'的行当，但是随着后来工作的经历和体验越干越发现：电磁元件虽小，里面却有大学问。

"就在我从事电磁元件的工作之后不久，我司电源产品不稳定而在市场上出现告急，也造成过系统瘫痪，给公司带来了巨大损失，这就是因为某种电磁元件问题而造成的故障，我司也因此而丢失很大的订单。在如此严峻的形势下，研发部领导把解决该电磁元件问题故障的重任交给了刚进公司不到三个月的我。当时我既对公司产品了解不多，又无设计电磁元件的经验，只是凭着工程部领导和同事的支持与帮助，经过多次反复与失败，设计思路才渐渐清晰。

"有一次，电路板联调了几天调不通，心里别提有多懊丧，这时主管李开省过来问我问题出在哪里，我告诉了他，他说：'你先歇一会，让我看看。'过不多久，老李说问题解决了，原来是一名新员工不小心把一个变压器焊反了。为此，小小的电磁元件问题又因一个小小的粗心而延误联调进度好几天！

"经过 60 天的日夜奋战，我们硬是把电磁元件这块硬骨头啃下来了，使该电磁元件的市场故障率降为零，而且每年节约成本 110 万元。至今公司所有的电源系统都采用这种电磁元件，时过近两年，再未出现任何故障。

"就是这么一个小小的电磁元件，貌似很小，大家没有去重视，结果我这样起初'气吞山河'似的'英雄'在其面前也屡经受挫、饱受'煎熬'，坐了两个月冷板凳之后，才将这件小事搞透。"

"公平竞争，不唯学历，注重实际才干"。华为看重理论，更看重实际工作能力，大量起用高学历人才，也提拔读函大的高中生。任正非在主题为《华为的红旗到底能打多久》的演讲中谈道：

> 坚决反对空洞的理想。做好本职工作。没有基层工作经验不提拔。不唯学历。
>
> 同时我们坚决反对空洞的理想，青年学生最大的弊病就是理想太大。因此，在华为，不论什么学历，进公司一星期后学历自动消失，所有人在同一起跑线上。凭自己的实践获得机会。强调后天的进步，有利于员工不断地学习。

在华为有年仅 19 岁的高级工程师，也有工作七天就提升为高级工程师的。不论资排辈，只重实际能力，华为大胆地起用年轻人，一位只有 25 岁的华中理工大学毕业生就当上了 500 多人的中央研究部主任。

领导 500 多人的中央研究部主任，以前就是一位年龄只有 25 岁的华中理工大学毕业生，年龄小，压不垮，有了毛病，找来提醒提醒就改了。

当过工人的博士仍然有机会获得与学历匹配的职位，但首先得通过任职资格评价。华为请美国 HAY 公司作顾问，通过消化吸收，一点一点改进，形成自己的任职资格评价体系。华为的工资分配也是实行基于能力主义的职能工资制。

第四节　全员低重心培训

到过很多国家的华为总裁任正非有一个很深的感受，就是我国的员工和德国、日本员工比起来，普遍素质不高，基本素质不扎实，没有精益求精的精神。因此，他在华为对员工的培训中要求从实际出发，一步一个脚印，踏踏实实的从基本功抓起。

华为拥有的人才培养机制、全员持股机制还在源源不断地为华为培养成千上万的人才。在 2012 年之前的 5 年，华为新增了 5 万名员工，其中大多数是直接来自高校毕业生。在华为 14 万名员工中，一半是研发员工。由于新增了很多刚毕业的年轻工程师，这使得华为员工的平均年龄只有 29 岁。向年轻员工灌输管理文化是头等大事，将工业生产和工程实践带给年轻员工同样重要。华为在全球拥有 23 个研发中心，其中 13 个位于中国以外的国家。华为还聘请了 IBM、毕马威等西方顾问对员工进行培训。

任正非很清楚，员工培训是一项长期的艰巨任务。为此，他指出：

当然，华为要培养优秀的科学家、营销专家、管理家，但我们整个培养工作要实行"低重心"战略，要重视普通员工和普通岗位的培训。要苦练基本功，培养过硬的钳工、电工、厨工、库工……工程师、秘书、计划员、统计员、业务经理……每一个人、每一件工作都有基本功。

任正非在 1994 年 12 月的《华为人报》上撰文道：

我走过许多国家，考察过众多的工厂，无不对发达国家的员工的敬业精神所感动。我多次在员工教育会上讲过，我们要赶超发达的资本主义国家，就应向他们学习长处。公司近些年的发展迅猛，除了万门机进入世界一流水平，大量投产开局外，还在进行处理能力极强、中继容量数万门的智能网的 SSCP 点的研究。一旦成功，将担负起中心城市各种新业务的汇接。如果，我们的员工素质不高，培训不严，因经验不足，处理不当，造成全网瘫痪，这是多么可怕的局面。因此，从难从严，从实际出发，各级组织，加强员工培训，是一项长期的艰巨任务。

下面两则空难可以看出员工培训的重要性。

韩国航空公司的班机降落时已经发生事故，几分钟后就发生爆炸。而在该机组空姐的疏导下，两分钟内全体人员撤离飞机。最后一名空姐检查完确认机上已无人跳出机舱，这时飞机已陷入大火之中，旋即，连串的爆炸开始。

我国西北航空公司的图 154 飞机，在西安机场检修时，自动驾驶仪的偏航回路导线，被错接到倾斜控制系统上，而倾斜回路的导线被错接在偏航控制回路上。如果飞行前做一次严格的检查，如果飞行员训练有素，在塔台工作人员的指挥下，处理果断一些，160 人的生命将会得以挽救。而命运之神一次又一次被错过了。这是缺乏严格管理而导致的。

市场部去国外考察，他们报告，国外企业十分重视员工培训，他们将在一两年内，通过员工现场报告，将工作水平提高到国际水平。我十分高兴。希望每一个部门都认真对待这个问题。我们生存下去的唯一出路是提高质量、降低成本、改善服务。否则十分容易被外国垄断集团，一棒打垮。

在这样的思想指导下，华为建立起一整套完善的员工培训体系，这套体系几乎涵盖了企业培训的全部内容，包括新员工培训系统、管理培训系统、技术培训系统、营销培训系统、专业培训系统、生产培训系统。

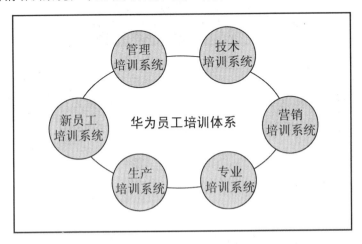

这些培训系统互相依托但又各成一体，华为培训集一流的教师队伍、一流的技术、一流的教学设备和环境为一体，拥有专、兼职培训教师千余名。建在深圳总部的培训中心占地面积13万平方米，拥有含阶梯教室、多媒体教室在内的各类教室110余间，能同时进行2000人的培训。教室的设备和设计能够满足教师授课、基础技术培训辅助教学等多种教学手段的需要。培训中心还拥有三星级学员宿舍、餐厅、健身房等生活、娱乐、体育设施，为培训学员提供舒适的学习生活条件。

华为对员工的培训方式也是多种多样：课堂教学、案例教学、上机操作、工程维护实习和网络教学等多种教学形式，使培训更加生动、灵活。此外，华为还逐步发展基于互联网和电视网络的远程培训，使学员无论何时何地，均可得到华为系统化、个性化的培训。

当然，并不是说华为只是一味地重视基层员工的培养，其对中高层人员的培养同样尽心尽力。需要指出的是，华为的这种低重心培训对象不但包括本公司的员工，还包括客户方技术维护、安装等相关人员。

 第五节　培养"院士"

IBM 和爱立信两个巨头的掌门人都希望工程师变为工程商人，而非要求工程师单纯地痴迷于技术。可见，工程师们具备商人的思维对企业的发展有着举足轻重的作用。而这也是任正非一直强调的。

华为要求不做市场不需要的发明。针对产品研发偏重技术而非市场需求导向的问题，华为总裁任正非用了一个非常形象的比喻：

华为没有院士，只有"院土"，把"士"的下面一横拉长一点。要想成为院士，就不要来华为。

这里的"院土"，就是任正非常说的"工程商人"。华为倡导的"工程商人"，本质含义是什么呢？华为的理解是"抛弃纯粹的技术倾向，谋求产品的利润最大化"。

"工程师文化"和"工程商人文化"究竟有什么差异？怎么样才能做一个合格的工程

商人呢？工程师文化关注的是纯技术导向，有着非常强烈的技术倾向，譬如当今的华硕。而工程商人文化需要工程师把产品研发看成"投资"行为，而投资就要考虑投入产出比。

要学习做工程商人，就要学着经营产品。这就要求工程师具有更多的商人思维，具体而言，应表现在以下几个层面：

1. 工程商人需要"服务意识"；

2. 工程商人需要研究市场需求；

3. 工程商人需要学会整合资源；

4. 工程商人需要把市场和技术有机融合；

5. 工程商人需要审时度势，把握市场节奏。

华为内刊《华为人》中曾记载了这样的一个事例，"我们从经济学的角度来看，也许会有些新的启示。发明是一项实践的科学，也是一项机会成本很高的投资，一个发明往往动辄就需要进行上千次试验，还不一定能成功，这除了需要发明家的灵感与毅力之外，也要耗费大量的金钱，这也是很多伟大的发明不是出自大学或研究院而来自工业界的原因。"

"爱迪生不是一个纯粹的科学家，他所进行的发明都有很明显的功利目的；但他又不是一个纯粹的商人，他赚钱的目的是为了支撑其发明事业。爱迪生以市场需要、实用性为导向的发明原则，为他带来了可观的收入，保证了其发明事业的可持续性，使他能以发明养发明，犹如活水而源源不断。"

"1868年，爱迪生获得了第一项发明专利权——一台自动记录投票数的装置。爱迪生认为这台装置会加快国会的工作，它会受到欢迎。然而，一位国会议员告诉他说，他们无意加快议程，有时候慢慢地投票是出于政治上的需要。从此以后，爱迪生决定，再也不搞人们不需要的任何发明。"

华为是电信设备制造商，在华为，无论是做系统架构的，还是做应用软件开发的，研发人员喜欢把自己叫通信工程师，华为的资深研发工程师对电信运营业务了解的深度，与电信运营商相比相差无几。在产品设计时，他们关注的焦点不是技术的先进性，而是产品的可用性，客户的满意度。因此，在日常工作中，研发人员与市场销售人员、与客户的交流是相当频繁的。

附录

华为总裁任正非答新员工问

1999 年 4 月 3 日和 7 月 20 日，任正非分别与华为 9905、9906 和 9921、9922 班受训新员工举行座谈会，现将任正非回答新员工问题摘录如下供大家学习。

问：任总您对我们新员工最想说的是什么？

答：自我批判、脱胎换骨、重新做人，做个踏踏实实的人。

校园文化与企业文化是不相同的，校园文化没有明确的商业目的，只是教会你去做人。企业文化有明确的商业目的，一切要以商品的竞争力为中心。所以你们要重新做人，做工程商人。

我热切地希望你们年轻人很好地成长。但人生的道路是很艰难的，你今天很辉煌，明天并不一定很辉煌；你今天虽然满是伤痕，未必明天也不行。你们都要踏踏实实地工作，少去探索那些与业务主题无关的高不可测的问题，到了工作岗位，就要听项目经理的，否则他不给您第一步的发展机会，没有第一步，哪还有后面呢？我要告诫你们，不要认为自己了不起。

进入工作岗位后，进步慢的人要努力改造自己，慢的人未必永远会慢，进步快的人更要努力改造自己，否则跟斗会栽得很厉害。太顺利了，反而是人生一大敌人。

企业与学校不一样，华为公司等待你们的都是做小事。你们要把"宽广的胸怀"收起来，安安心心、踏踏实实地做小事，你们要顺应华为这个潮流，和大家一起去奋斗。

问：与外国竞争对手相比，华为最大的优势与劣势在哪里？

答：华为最大优势和劣势都是年轻，因为年轻，充满生命活力；因为年轻，幼稚病多，缺乏职业化管理。

问：我们应如何克服我们的"幼稚病"？

答："每日三省吾身"，自我批判，就是克服"幼稚病"的良方。幼稚病并不可怕，公司从高层到基层，我们都有幼稚病，特别是面对新事物、新问题的时候。认识新事物、认识新问题总是反反正正，不可能一步就认识到本质。因此我们都应该不断努力学习，不断提高认识事物、认识问题的能力。你们还要特别注重向别人学习，看看你身边的老员工是如何做的，学明白了再去创新，一点一滴、一步一步走向成熟。

问：全体员工中，合格的华为人占多少？

答：不同时期有不同标准，华为人的标准是在不断地提高的。按最高标准，合格的人较少；按最低标准，基本上都合格。我们应不断努力提升自己的标准，按高标准要求自己。

我们华为公司是一个随时都会崩塌的危险的公司。危机是什么？危机就是我们还不知道危机在什么地方，或者我们感觉不到危机。如果知道危机是什么，华为就没有危机了，就稳操胜券了。

我们要胜利、要成功，就要不断提高合格员工的标准。如果我们合格的员工数量很多，就是一旦发现公司出现危机，挽救措施有力也能避免危险。如果每一位员工都担负起重任，华为公司就一定很有希望。现在信息技术的刷新周期越来越短，一旦出现方向性错误是十分危险的。但危险总是不可避免的，一个公司不可能是常胜将军。出现危险时，内部队伍不乱，员工训练有素，公司还能像18世纪的战争那样，吹着号、打着鼓……冲锋，我们就少了一分危险。

问：如何理解您所说的"进了华为就是进了坟墓"？

答：有一篇文章叫《硅谷：生机盎然的坟场》，是讲美国高科技企业集中地硅谷的艰苦创业、创新者们的故事的，它"埋葬"了一代又一代的优秀儿女，才构建了硅谷今天的繁荣。华为也是这样的企业，也是无数的热血儿女，贡献了青春与热血，才造就今天的华为。现在再来想一想，马克思说的"在科学的入口处就是地狱的入口处"，会多一些理解其深刻的内涵。他就是说明要真真实实地做好一项工作，其艰难性是不可想象的。要突破艰难险阻才会有成就。任何做出努力、作出贡献的人，都是消耗其无限的生命才创造了有限的成功。

华为要想追上西方公司，无论从哪一方面条件都不具备，而且有些条件可能根本不会达到，因此，只能多付出一些无限的生命。高层领导为此损害了健康，后来人又前仆后继、英勇无比。成功的背后是什么，就是牺牲。

问：在公司发展壮大过程中，任总最深的感受是什么？

答：就是一个青年人要长期具有自我批判精神。一个人只有坚持自我批判，才能不断进步。大多数人走上工作岗位后会变成小心眼的人，如果你们的那种小心眼不克服掉，对华为公司的发展不仅不是动力，反而可能是绊脚石，不仅不能使公司壮大，反而会削弱公司的竞争力。真正能使华为公司更快、更大发展的就是依靠每个员工开放自己，要加强对自我的批判。

问：任总您现在最大愿望是什么？

答：最大愿望就是希望你们年轻人快快长大、成熟。公司花这么大的代价不断地培养你们，就是希望你们能挑起"天下兴亡"的责任来。

问：任总您光荣退休后，华为将会怎样？

答：我个人对华为没有做出巨大的贡献，真正贡献大的是中高层骨干与全体员工。他们努力建立了各种制度、规范，研制、生产、销售了不少产品……不是我一个人推动公司前进，而是全体员工一起推动公司前进。我的优点就是民主的时候比较多，愿意倾听大家的意见，我个人既不懂技术，也不懂IT，甚至看不懂财务报表……唯一的是，在大家共同研究好的文件上签上我的名，是形式上的管理者。我认为大家总比一个人想得细致一些,可以放心地签上名。文件假若签错了,在运行中有问题,我也不会指责大家的会签,只要再改过来就行了,大家这次总会进步一点。每次我们都共同完成了一次修炼,次数多了,大家水平也提高了。

我唯一的优点是自己有错能改,没有面子观,这样的人以后也好找,所以接班并没有什么难,他只要比较民主,而且会签字就行。万不可把一个人神化,否则就是扭曲华为的价值创造体系,公司就会垮掉。因为,员工认为自己在创造价值,积极性就会很高,如果员工认为只是某一个人在创造价值,积极性就会丧失。

华为公司大力推行流程管理,通过机制管理,今后将是惯性运作。事实上,现在公司的高层领导已很少直接管理公司,除重大决策之外很少管理公司。实际上公司运作已经开始与人的管理脱开了,交接班在自然而然中进行,当然这需要一个较长的过程。

问:华为打算培养理论水平也很高的工程师吗?

答:华为公司主要是要培养一大批工程商人。一个公司培养一批高理论水平的人才,总是需要的,如果没有理论的前瞻,就不可能有技术的突破,就不会产生机会窗利润。华为公司目前要做到这一点是很有困难的。华为公司现在不会去追求培养一批院士。华为公司只会把那些做出成就的人从他们的工作发展中培养起来。

问:任总您心目中的理想秘书是什么样的?

答:秘书是走向管理者的通道,秘书就是管理者。管理最初级就是秘书。公司80%～90%的例行工作是由秘书进行管理,秘书有处理例行问题的权力。华为公司有很多高层领导都出自秘书。性别歧视是客观存在的,公司也没有做到同工同酬,这是受社会传统习惯势力影响,绝不是华为公司领导有意识的行为,大家都用工作业绩来证明自己的地位才是最重要的。同时也要去说明和克服习惯势力。

问:华为如何技术培训新员工?

答:技术培训主要靠自己努力,而不是天天听别人讲课。其实每个岗位天天都在接受培训，培训无处不在、无时不有。如果等待别人培养你成为诺贝尔，那么是谁培养了毛泽东、邓小平？成功者都主要靠自己努力学习，成为有效的学习者，而不是被动的被灌输者，要不断刻苦学习提高自己的水平。

问：新员工进入岗位后，究竟是"干一行爱一行"还是"爱一行干一行"？

答：公司允许员工有挑选岗位的机会，不用封建包办婚姻式的包办定终身，但过分自由也不好。因此你在工作中要先服从分配，尽快磨合，让思想火花在本职工作中闪烁出来，慢慢爱上这个岗位。如果发现很不合适，还有调换机会。但万不可这山望着那山高，结果哪座山也爬不上，最后被公司淘汰了。干一行爱一行、爱一行干一行是相对的，不能无限地乱爱下去，不能无限制地调换岗位。

问：我们应如何开拓海外市场？

答：国外生活很艰苦，开拓海外市场将是很艰难的过程，只有披荆斩棘，才有公司的明天。经过前面一代人几年的屡战屡败，屡败屡战，已经不断取得胜利，且已卓有成效了。对于你们后来人，不但生活上要承受艰苦，工作、学习上也将要承受更大的艰苦。那么多产品，那么多技术标准都必须搞明白，不明白怎么去这个国家开拓市场？怎么去这个国家投标？所以等待你们的不仅是生活上的艰苦，更有学习与工作上的艰苦。我们需要一大批勇敢的人走向海外市场，但光有勇气是不够的，我们面对世界各国的竞争对手是非常有职业化水准的，我们在战略上可藐视他们，但在战术上必须认真重视他们。

问：如何做一个合格的华为市场人员？

答：要做一个合格的市场人员太难了，比产品研发还要难，难在学会做人。世界上最难的就是读好人、做好人。"三人行必有我师"必须永远留在脑海里，走进生活，你会发现任何一个人都比你强。

问：公司前程如何？

答：公司要长久生存下去，就要不断提升核心竞争力，就要不断地面对公司的问题，并认真地解决公司的问题，问题解决了，公司还不能前进吗？比如我们现在的产品，技术先进性没问题，但使用稳定性有问题，就必须认真解决。如果我们的营销人员都具有国际业务水平，并都具有高度的责任心，我们的生产人员个个都是认真负责，我们的行政服务人员个个都是兢兢业业，都把客户价值观当做自己的价值观，我们即使有困难也是暂时的。扩大市场有两个方面，一是扩大老产品在市场上的份额，以及进入新的区域；二是培育新产品在老市场的成长。扩张市场是要付出生命的代价的，只有人人努力工作，消磨了青春，公司才有希望。公司前程如何，客观环境自然是一个因素，但更重要的还是我们的内部主观努力，能不能不断批判自我，超越自我。

问：华为公司怎么做到世界领先？

答：今年年底，我们将提出一个口号，就是在窄带通信领域要做到世界领先。怎么做到？要虚心、认真学习国外主要竞争对手的优点，并时时看到和改正自己的缺点。华为要活下去就要学习，开放合作，不能关起门来赶超世界。我们所有的拳头产品都是在开放合作中研制出来的。封闭心态的人无法进步，应下岗培训。

问：如何看待中美电信高级会谈？

答：中美电信高级会谈并非鸿门宴，我们对自己的国家应有足够的信心。美国奉行强权政治、霸权主义，他们使用经济全球化的措施，就是利用强势经济，瓦解弱国政府的宏观调控能力，是不讲道理的。我们唯一努力的就是使中国尽快强大起来，能和他们抗衡，这才是为中华民族做了我们应做的贡献。关键要靠我们青年人加倍努力。华为公司目前发展上还存在非常多的问题，特别是管理方面的问题。最严重的就是你们很年轻、很幼稚，把幼稚病带到我们的工作中去。我们刚扫除了一批幼稚病，又来了一批幼稚病。你们青年人要加强自我改造，我们的国家、我们的公司才有希望。

案例链接

新员工培训的油水理论

桌面上有两个盛满液体的杯子，一杯是水，一杯是油。怎样把油倒进装满水的杯子里？正常的解释是，只有把水倒掉，成为一个空杯，才可能接受新进入的。

但是任何一个细心的人都会发现，当你把一个杯子中的水倒掉再把油倒进去的时候，原来装水的杯子底部始终有一层水，新倒进去的油始终浮在水的上面，碰不到杯底。

为什么会这样呢？

因为如果用倒的办法，杯子里的水是不可能倒干净的！而后来的油永远比原来的水轻，最后只可能浮在水面上。对于很多企业在新进员工的培训上几乎都是在原有的基础上用加法的方法填鸭式训练。可是培训做了，知识和技能传授了，员工的效率却始终没有得到预计中的提高。这其实是没有倒干净的"水"在起作用。这里把"水"分成两部分，容易倒掉的和不容易倒掉的。容易倒掉的"水"往往就是旧的知识和技能，因为新的东西是有带来明显的提高，而且比较容易让你接受；而不容易倒掉的"水"就是旧的态度和思维，毕竟要人接受一种全新的思维模式是很难的事情。可是新的知识和技能往往是和新的思维联系在一起的。

那么如何解决问题呢？

解决问题可以有两种做法：1.倒完之后烘干杯子；2一边从水杯底部抽水，一边把油慢慢地从杯口倒进去。也就是说，企业应该建立一个长期和短期培训相结合，态度与思维的塑造和知识与技能的培训相结合的观点。台湾著名学者余世维博士曾经说，态度是一个人做事情决定性的因素，也是最难塑造的东西。态度和思维不是一两次短期的培训就可以改变的，必须长期的进行塑造，再辅以短期的知识和技能的传授，这样才可能达到比较理想的培训效果。也只有这样，才能把杯子里面原来的"水"彻底的抽干净，真正换上新的"油"。

那么，对于企业的新进员工该如何培训呢？

一、对于新进员工的培训要做好前期的准备工作

1. 企业文化转化为制度——把油准备好

不少企业的文化建设只停留在理念宣传的阶段，不能深入进行塑造。一方面由于领导者缺乏系统建设企业文化的决心和勇气，另一方面是领导者对企业文化塑造有误解，认为企业文化是以理念塑造为主，如果把它变成制度，就会削弱企业文化的凝聚作用。其实，优秀的文化恰恰要落到纸面上，让大家有法可依，有章可循。尤其对于人力资源制度，包括：招聘、培训、考核、薪酬、任免、奖惩等，都应该深刻体现出公司的企业文化。

2. 培训前做好准备工作——掂量一下杯子

培训前的启蒙工作就像幼儿园一样，是进入正式学习的前奏，也是非常重要的一环。每个人都知道进入正式学习之前，幼儿园的启蒙教育对一个人成长的重要性，同样，进入正式的员工培训教育之前，启蒙培训也一样重要。人力资源猎头，启蒙培训也是一种导向，在潜移默化中将员工的倾向导向企业的文化。

二、培训过程要坚持平等、严格、长期的原则

1. 培训对象应该平等开放——每一个杯子都要倒空

首先，平等开放应该是一个原则。平等更多的是一种机会上平等。著名的"木桶原理"说，一个木桶由许多块木板组成，如果组成木桶的这些木板长短不一，那么这个木桶的最大容量不取决于长的木板，而取决于最短的那块木板。这由许多块木板组成的"木桶"不仅可象征一个企业、一个部门、一个班组，也可象征某一个员工，而"木桶"的最大容量则分别象征着企业、部门、班组和员工个人最大的整体实力和竞争力。员工培训实质上就是通过培训来增大这一个个"木桶"的容量。

如果培训不是平等的，那么很可能没有接受培训的员工就成为企业中最短的那块板了。

2. 对于新进员工的培训不能马虎了事，不能顾此失彼，而是一定要以严格的要求培训每一个员工，杯子一定要倒空，别怕这点水倒掉可惜。

目前企业引进人才要么是通过猎头公司挖掘高薪人才，来之即用，要么是传统模式招聘普通人才培训上岗。可是有不少企业花了大价钱请到了所谓业界精英，结果不是把公司折腾得一盘散沙就是要求老板做这做那，最终投资成了无底洞，收益成了空中楼阁。下场不是人才炒老板就是老板炒人才。

3. 要为企业营造长期的、活跃的培训环境，慢慢去除遗留下来的水分

对员工的培训要是长期的，要营造一个良好的学习环境和长期培训体系。对于一个企业来说员工就像孩子，一天不学就会落后，两天不培训就会迷失方向。我们现实中有很多企业，在最初招聘的时候总是虎视眈眈，激情高扬，订出每周开会学习的计划，每天绩效考核的工作模式，可是结果就像新官上任三把火，三分钟热度。一个月不到还是牛归牛、马归马，该怎么样还是怎么样。

那么如何建立一个有效的、长期的、活跃的培训体系和培训环境呢？这也是现在很多企业和培训机构正在探讨和研究的课题。有很多企业深深地意识到这个问题的重要性，纷纷和一些专业培训机构建立长期的合作，有的企业把员工的培训、能力的递升和企业的考核、奖金、荣誉、职位等相挂钩；还有的企业为增加企业的学习趣味性还积极参加一些野外的社会活动，通过这些活动培养员工的正确人生观，提高企业凝聚力，这些都不失为好办法。

（本文摘编自《新员工培训的油水理论》，作者：徐太礼，来源：牛津管理评论，2010 年 4 月）

第4章

员工激励法则

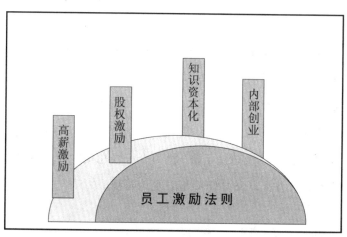

高薪激励

股权激励

知识资本化

内部创业

员 工 激 励 法 则

我们现在正在扩张，还有许多新岗位，大家要赶快去占领这些新岗位，以免被裁掉。不管是对干部还是普通员工，裁员都是不可避免的。我们从来没有承诺过，像日本一样执行终身雇佣制。我们公司从创建开始就是强调来去自由。内部流动是很重要的，当然这个流动有升有降，只要公司的核心竞争力提升了，个人的升、降又何妨呢？"不以物喜，不以己悲"。因此，我们各级部门真正关怀干部，不是保住他，而是要疏导他，疏导出去。

——华为总裁　任正非

第一节　高薪激励

20个"创新中心"拥有6万名员工，在6个国家里分布有17个研发中心。华为收购了英国CIP光子研发中心，持续加强其在光通信技术研发上的能力。华为在美国高科技企业最密集和最活跃的硅谷湾区圣克拉拉市新建成了一座研发中心，吸引美国高科技人才近千名。当前华为在全球热门的云计算领域拥有一万名工程师，在智能手机领域拥有5000名以上工程师。这些基于行业领先技术的巨大投入，是华为未来全球市场和销售持续增长的保障。华为招集优秀人才的杀手锏就是高工资、高福利。[1]

华为的工资待遇有竞争力，华为的员工收入由三部分构成，首先是工资，其次是一年一度的奖金，最后是股权激励。华为每年都会根据经济发展情况，企业自身发展情况以及竞争对手的情况来确定员工工资的增幅。

华为基层员工平均年收入为16万，全员占比约88%；四级经理年薪50万；三级主管年薪100万；二级总监年薪350万；一级总裁约为1500万。华为二级总监的年薪甚至比一些上市公司CEO职位更为可观。[2]

---

[1] 华为赶超爱立信：150亿美元研发与10年增长.深圳新闻网，2012.2
[2] 华为的全员中产阶层路径.长江商学院，2011.12

　　华为称为"三高"企业，指的是高效率、高压力和高工资。华为总裁任正非坚信高工资是第一推动力，因而华为提供的是外企般的待遇。《华为公司基本法》第六十九条规定：

　　华为公司保证在经济景气时期和事业发展良好的阶段，员工的人均收入高于区域行业相应的最高水平。

　　这个规定一方面明确了员工的薪酬待遇应该与公司的效益联系在一起。另一方面也可视为是华为向员工的承诺。任正非相信：重赏之下，必有勇夫。因此从招聘员工开始，就开始灌输华为"高工资"的优越性。

　　华为公司的核心竞争力之一就是公司从一开始就建立的给员工持股的利益分享机制，这个机制通过把员工的利益与公司的利益紧密结合在一起，支撑着公司过去及未来的发展。

　　1996年国内本科生平均工资还不到2000元，华为在国内名牌大学招聘优秀毕业生时，采取的特别招聘方法是：先摆明工资待遇。华为从1996年就开始发相当于工资15%的"补充"保险（华为称为安全退休金），并且每隔两年便直接打到员工的银行账户上去。所谓的"补充"保险，就是在员工工作的时候就把员工养老的钱发了。

　　进入华为，一般本科生月薪在6000元左右，硕士生月薪在8000元左右。入职第二年起，可享受3到6个月月薪的年终奖。入职第二年起可以享受配股，第三年起可以享受配股收益。社会保险和商业保险齐全。如果你在海外工作，除年休假外还可以享受12天到19天的休假,海外工作的补贴，一年三趟的探亲机票等。员工享受的分红相当丰厚。一般本科生第二年后能享受一万到两万股，这笔分红很可观。[①]

　　华为曾开出了14万的年薪去挖一位从事芯片研发的工程师，结果这位工程师到位之后，华为发现他的价值远大于当初的价格，立刻将其年薪涨到了50万。

---

① 胡信昌.华为的办公桌床垫文化.都市快报，2011.10

华为如此豪放的人才战术让外资企业都望而生畏。

当然，随着企业的发展，华为已经开始在更高层面上看待人才问题，认为职业化管理和国际化人才是成为世界一流企业的必要条件。据原华为人力资源部总监张建国回忆，在20世纪90年代，在很多人根本就没有听说过"人力资源管理"这个名词的时候，任正非就敢拍板，花2000万请咨询公司来给华为做薪酬和人力资源管理体系。不过，依然是高薪政策。任正非在上海电话信息技术和业务管理研讨会中说道：

"高投入才有高产出"，我们的成本比兄弟厂家高，因为科研投入高，技术层次高。科研经费每年8000万元，每年还要花2000万元用于国内、国外培训和考察。我们重视从总体上提高公司的水平，这种基础建设给了我们很大的压力。但若我们只顾眼前的利益，忽略长远投资，将会在产品的继承性和扩充性上伤害用户。

为使公司在市场竞争中立于不败之地，华为人力资源部与Hay Group和Mercer等顾问公司长期合作，定期对工资数据调查，根据调查结果和公司业绩对员工薪酬进行相应调整。

光基本工资就高出别的企业好几成的华为自然不会在福利待遇等方面输于别人。对于那些已经和华为签订就业协议的毕业生，来公司报到时的路费和行李托运费等可以享受实报实销：从学校所在地到深圳的单程火车硬卧车票、市内交通费（不超过100元）、行李托运费（不超过200元）、体检费（不超过150元）。上述费用所有票据在报到后的新员工培训期间统一收取、报销，并在报到的当月随工资发放。虽然仅仅是报销报到费，每个人只有几百块钱，但一次性招聘数千人，也是一笔不小的开支，国内绝大部分公司都很难做到。

此外，华为新员工在正式上岗前为期几个月的内部培训期间，工资、福利照发不误。

华为福利一个最直观的体现就是将其货币化，打到职工的工卡里。深圳关外为1000元/月，国内其他地区800元/月。这笔钱每月定期打入工卡，可用于购买车票，在公司食堂就餐，在公司小卖部购物。

在华为，发放额度最高的福利分别是交通补贴、出差补贴和年终奖。

1. 交通补贴。这种补贴只有深圳总部员工享有，国内其他分支机构没有这笔补贴。由于深圳总部的园区离深圳市区很远，许多家住市里的员工上班都要花不少的交通费用。因此华为给员工们每月支付 800 ～ 1000 元的交通费用。交通补贴每月都直接发到员工的工卡里，不得取现。在每年年底高于一定数额或离职时可以一次取现，扣 20% 的个人所得税。

2. 出差补贴。这种补贴分国内出差补贴和海外出差补贴，根据职位、出差地的艰苦程度、危险性等标准计算，标准乘以实际出差的天数，就是可以拿到的补贴。一般在出差回来后报销时领取。

具体来说，华为员工国内短期出差补助标准为 100 ～ 200 元人民币／天，交通费、住宿费、通信费实报实销。技术支援或市场部人员在国内常驻外地，补助标准按地区艰苦程度分为几档，一般 50 ～ 100 元／天，住宿费用另外计算，如果住宿在当地的办事处则没有住宿费用。研发人员如常驻外地研究所不享有该项补助。

员工在海外连续工作 3 个月的可以享受海外出差补助，标准为 50 ～ 70 美元／天，香港为 300 港元／天。常驻海外的员工，根据当地情况，补助标准分为几档，一般 50 ～ 85 美元／天，当地越艰苦、越危险，补助越高。2004 年，华为的海外补贴降低了标准，一般国家降到税后 30 美元／天。公司还会替员工交纳社会保险基金。按照每月基本工资 15% 的比例划拨，员工离职时可一次性提取，扣 20% 个人所得税。

3. 年终奖。在华为的薪酬体系里，奖金的数量占到了所有报酬的近 1/4，华为公司每年七八月份都会有一个规模非常宏大的"发红包"活动。那时公司的高层几乎全部出动，根据员工的贡献、表现、职务等分股票发奖金，一般员工在 1 万 ～ 3 万元左右。一般来说，市场系统、研发系统的骨干最高，秘书、生产线上的工人等做重复性工作的员工最少。

一则流传较广的故事说，在华为的员工大会上，任正非提问："2000 年后华为最大的问题是什么？"大家回答："不知道。"任正非幽默地告诉大家："是钱多得不知道如何花，你们家买房子的时候，客厅可以小一点、卧室可以小一点，但是阳台一定要大一点，还要买一个大耙子，天气好的时候，别忘了经常在阳台上晒钱，否则你的钱就全发霉了。"虽然带有明显的鼓动意味，但不可否认的是，华为员工普遍满意自己的薪水。

据了解，华为人力资源部门定期向专业咨询公司购买外部薪酬市场数据，以此随时分析和审视华为薪酬标准的外部竞争力。其针对海外员工薪酬体系的制定，首先是尊重当地法律以及风俗习惯；其次便是必须结合华为本身的支付能力，以及"对内对外的公平性"。"与当地主要同行企业比，华为的薪酬水平具有较高的吸引力"。

华为还建立了完善的员工保障体系，为员工购买了当地法律规定的各类保险，以及包括人身意外伤害险、商业重大疾病险在内的商业保险。华为发布了《员工保障管理规定》《员工医疗保障管理规定》等系列文件，并建立了员工健康与安全的预防体系，包括年度体检以及 24 小时的心理医生指导等。2008 年，华为设立了首席员工健康与安全官，统一领导员工健康与保障工作。

华为为什么要设立首席健康和安全官？这或许可以从任正非语录中找到答案：

员工不能成为守财奴，丰厚的薪酬是为了过高雅的生活，而不是精神自闭、自锁。

这也意味着，艰苦奋斗与身心健康并不是冲突的，而是可以相互调节。

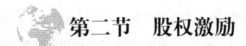

第二节　股权激励

华为是 100% 由员工持有的民营企业。华为通过工会实行员工持股计划，员工持股计划参与人数为 65596 人（截至 2011 年 12 月 31 日），全部由公司员工构成。全体在职持股员工选举产生持股员工代表，并通过持股员工代表行使有关权利。

新员工在进入公司 2 年之后，如果绩效突出，就可以加入员工持股计划，自愿购买公司根据绩效和级别指定的一定额度的股票，此后每年公司根据绩效情况进行配股。员工持股后，就与企业利益捆绑，分享企业发展的回报，个人目标与企业目标达成一致。用 20 余年时间，任正非将自己在华为的持股权稀释到只剩下 1.42%。

这不仅在股权较为集中的传统企业中极为罕见，即使是在倡导大面积持股的新兴互联网产业也绝无仅有。即使与同时期的腾讯、百度、巨人、盛大、网易等一大批硅谷模式，倡导管理层甚至全员持股的公司相比，任正非持股比例之低也实属罕见。

2011 年 2 月，华为在内部宣布，2010 年虚拟受限股每股分红预计人民币 2.98 元，相比 2009 年接近翻番，很多资深员工将拿到一个空前的大红包。

华为公司几乎从一开始，就实行了全员持股，限于当时的体制环境，属于偷偷进行，直到 1997 年深圳市政府出台了《深圳市国有企业内部员工持股试点暂行规定》之后，才对外公开并随即进行改制。当时，华为决定进行全体职工内部持股计划，其目的也是为了解决资金紧张的问题。

在每个营业年度开始，华为公司有关部门都会按照员工在公司工作的年限、级别、业绩表现、劳动态度等指标确定符合条件的员工可以购买的股权数（新员工工作满一年后才有资格购买），员工可以选择购买、套现或放弃。华为的这种内部股可以用奖金认购，也可从公司无息贷款。

华为内部股的发放配额一般会根据"才能、责任、贡献、工作态度、风险承诺"等因素作动态调整，主要是为了能够充分体现"权利智慧化，知识资本化"的原则。在华为的股本结构中：30%的优秀员工集体控股，40%的骨干员工有比例地持股，10%至20%的低级员工和新员工适当参股，而且员工持有的股份根据其"才能、责任、贡献、工作态度和风险承诺"作出动态调整。员工所持股份配股在员工离开公司时可以随时套现。倘华为上市，这些股份便可在市场流通。

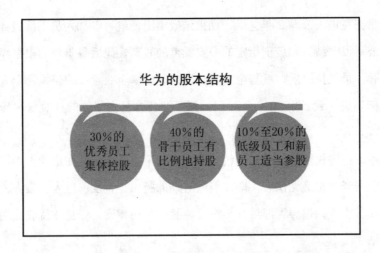

在 2002 年以前，华为员工年终奖金发的不是现金而统统都是股权。华为的员工就用相当于半年工资的奖金去买公司的股权。当然股权不是白买的，分红也很高，华为历史上最高的一次分红，每个员工都分得了相当于原始股票 70% 的红利。

举个例子来说：按照 70% 的分红率，当一名新员工在华为工作满一年后，公司给他配了 5 万股，到第二年年底，5 万股就变成了 8.5 万股，多出的这 3.5 万股就属于他的赢利。如果第二年他的表现出色，公司又给他了 2 万股奖金，这样年底他就应该得到 11 万股。

通过上述介绍我们不难发现，华为的这种员工内部持股制度不仅开了中国企业内部管理机制的先河，同时，在华为资金匮乏甚至出现经营困境的时候，员工持股极大地调动了华为人不屈不挠的韧劲。因为一方面，拿着公司大量股票的华为老员工为了能够保证自己的股票的利润，一定会安心为公司工作；另一方面，新来的员工为了能够尽可能多的分配到回报率极高的内部股，也会好好努力，华为的员工会产生一股强大的动力，齐心协力为公司的发展而努力。

汤圣平在华为做了 4 年人力资源工作，在他看来："今天的社会，太多有钱的企业，太多有钱的企业家，在中国财富百强的企业名单前十位企业中，有的连员工社会保险的钱都不肯交，这说明什么呢？任正非在华为股份不到 5%，他愿意将财富分配给员工。"这体现了一种亲情观，同时这也使员工愿意为任正非、为华为"卖命"。

美国人力资源管理协会中国首席代表冉毅波在接受《中国经营报》采访时说道："全员持股的好处很显然，第一，它可以使员工利益和公司利益捆绑在一块；另外，它对于公司来讲通常可以获得税收上的优惠；第三，这样做往往能够避免一些恶意收购，增加现金流，扩大资本的收益来源。当然，它还是很好的吸引人才的办法。而劣势也是目前争议比较大的问题是，对高管监控不严。此外，假设股票市场波动比较大，或者公司产生亏空，这对于员工的退休会有很大影响。这一点目前在国外是最大的问题。"

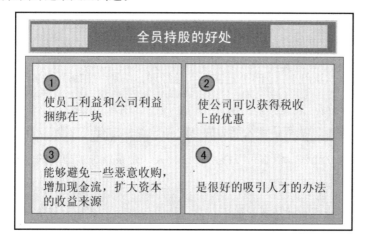

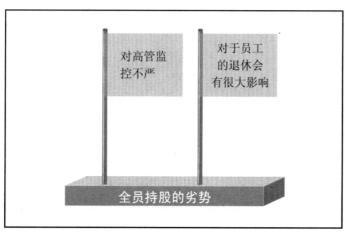

全员持股在我国也不乏案例。联想集团在一次股权改革时，将中科院送的

35%股份又一分为三：其中的35%分配给了公司创业时期有特殊贡献的员工，20%以时间为限分配给了1984年以后较早进入公司的员工，45%根据作出贡献的大小分配给以后有特殊贡献的员工，不但照顾了老同志，兼顾了企业未来的发展，更重要的是，留住了"联想"的高水平人员。

事实上，我国晋商也正是因为其人力资源管理中的股权激励制度，才使晋商在我国企业历史上留下了精彩的一笔。慧聪总裁郭凡生在其著作《中国模式》中分析道："晋商的核心竞争力是财股与身股结合，身股为大的制度。这种制度留住了人，又保证了家族企业的有效传承。"在晋商中有三类人：

第一，东家。东家是投资人，也施展能力，参与公司的重大决策，有点像现在的董事会。他们通过投资占有的股份称为"财股"，可继承转让，可分红（一般三至四年分一次红）；他们决定掌柜（总经理）的聘用和解职及其他重大事宜，如分红比例数等。

第二，掌柜。掌柜是投入能力的企业领导者，持有"身股"。身股可以享有和财股一样的分红权，但不可以继承转让，人一走茶就凉。但有的企业，身股可以养老。

第三，伙计。伙计是从学徒干起，一般四年满师，满师后可拿年薪。其中优秀者可以持有一定身股，有的被提升为掌柜。掌柜一般都是从学徒期满、为商号工作多年的伙计中提拔。

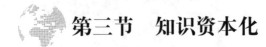

第三节　知识资本化

任正非强调，一定要将知识劳动与一般劳动区别开，知识劳动是企业价值创造的源泉之一。正是因为珍视员工的知识劳动，以员工持股的方式将知识资本转化为企业的财务资本，使员工拥有一定的剩余价值索取权，华为具备了其他企业难以望其项背的向心力和竞争力。

华为员工持股制度得以不断发展的重要原因是基于华为总裁任正非所倡导的

"利益共同体"和"知识资本化"这两大管理理念。在1997年修改的华为《员工持股规定》中,明确其目的是"将员工利益与企业长期利益结合在一起,增强员工对公司的归属感、长远发展的关切度和管理的参与度,形成具有竞争和激励效应的科学分配制度"。

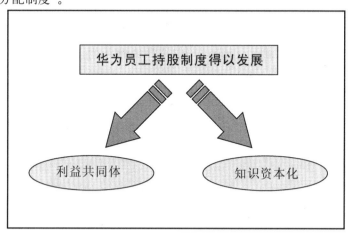

华为在招收人才方面并非乘人之危,低价揽才,而是许以高待遇,一名刚毕业的硕士可以拿到年薪10万元。另外,华为坚持"知识资本化",员工可以分得自己的股份。

世界级企业往往是标准的制定者,在通信设备领域成就一家世界级企业,技术自立是无法绕开的道路,而没有人才就没有开路者。任正非深知,他必须用"非常手段"去更持久地激发华为人的创造力,他必须让每一个人真正成为企业的推动者。这是任正非在20世纪90年代即开始推行"员工持股制度"的根源所在。

华为员工持股制度的作用主要体现在两个方面,一方面是凝聚和激励团队,另一方面就是积累资本。这个制度其实在很大程度上也是一个职工集资的制度。在创业初期以及相当长的一段时间里,华为给予员工的报酬只是非常微薄的基本工资,而奖金和分红都被"滚动"到新的股权购买上,这样公司创造的利润虽然经过名义上的分配,但实际上已最大限度地积累到了公司的运营资金里。如果没有实行这个制度,华为当年就不能生存,也不可能发展,更不会有今天。[①]

2001年前华为处在高速上升期,华为原薪酬结构中股票发挥了极其有效的激

① 张贯京.华为四张脸.广东经济出版社,2007.4

励作用，那段时间的华为有种 1+1+1 的说法，即员工的收入中，工资、奖金、股票分红的收入是相当的。员工凭什么能获得这些？凭借的是他的知识和能力，在华为，"知本"能够转化为"资本"。

任正非的理论是：知识经济时代是知识雇佣资本，知识产权和技术诀窍的价值和支配力超过了资本，资本只有依附于知识，才能保值和增值。

把知识转化为资本，知本主义实现制度是华为的创新。其表现在股权和股金的分配上，股权的分配不是按资本分配，而是按知本分配，即将知识回报的一部分转化为股权，然后通过知本股权获得收益。任正非在其题为《天道酬勤》的演讲稿中谈道：

公司创业之初，根本没有资金，是创业者们把自己的工资、奖金投入到公司，每个人只能拿到很微薄的报酬，绝大部分干部、员工长年租住农民房，正是老一代华为人"先生产，后生活"的奉献，才使公司挺过了最困难的岁月，支撑了公司的生存、发展，才有了今天的华为。当年他们用自己的收入购买了公司的内部虚拟股，到今天获得了一些投资收益，这是对他们过去奉献的回报。我们要理解和认同，因为没有他们当时的冒险投入和艰苦奋斗，华为就不可能生存下来。我们感谢过去、现在与公司一同走过来的员工，他们以自己的泪水和汗水奠定了华为今天的基础。更重要的是，他们奠定与传承了公司优秀的奋斗和奉献文化，华为的文化将因此生生不息，代代相传。

在华为的管理顾问、中国人民大学的专家教授们在为华为制定《华为公司基本法》的过程中，对于华为更加注重知识的这种经营管理观念作了进一步的概括和提升，明确地提出了"知本主义"的概念。任正非对此十分赞同，他认为，高科技企业使用知本（或知识资本）的概念很准确，我们就是"以知为本"。中国人民大学的学者对"知本主义"作了详细、清楚的阐述，概括起来，所谓知本主义主要有这几方面的内涵：

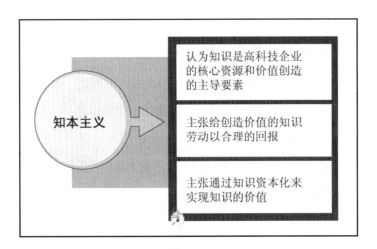

1. 认为知识是高科技企业的核心资源和价值创造的主导要素

知本主义理念首先是强调知识、知识劳动的特殊地位与作用。在《华为公司基本法》中明确提出：

我们认为，劳动、知识、企业家和资本创造了公司的全部财富。知本主义理念不但把知识作为企业价值创造要素中的一个独立要素，公开承认知识与资本一样是企业价值的创造源泉，而且把它排在优先于资本的重要位置上，强调"人力资源不断增值的目标优先于财务资本增值的目标"。

要明白，在当今的高科技企业里，人力资本增值主要提的就是员工知识资本的增值。

2. 主张给创造价值的知识劳动以合理的回报

知本主义理念承认知识劳动的剩余价值，认为高科技企业中由利润转增的资本不应全部归最初的出资者，而认为知识和资本一样，在价值创造中都作出了贡献，应给予知识劳动者以合理的回报。《华为公司基本法》中第五条就明确指出：

努力探索按生产要素分配的内部动力机制。……奉献者定当得到合理的回报。

3. 主张通过知识资本化来实现知识的价值

理论界和企业界都在积极探索知识价值的有效实现形式。知本主义主张通过知识资本化来实现知识的价值。《华为公司基本法》明确提出：

用转化为资本这种形式，使劳动、知识以及企业家的管理和风险的积累贡献得到体现和报偿……知识资本化与适应技术和社会变化的有活力的产权制度，是我们不断探索的方向。

华为实行全体员工持股制，通过股权和股金的分配来实现知识资本化。华为的股权不是按照资本来分配，而是按照知本分配的。按知分配股权使知识劳动者应得回报的一部分转化为股权，进而转化为资本，股金的分配又使得由股权转化来的资本收益得到体现。

正是基于这一理念，华为把机会、人才、技术和产品看成是公司成长的主要牵动力。形成一个以机会牵引人才、人才牵引技术、技术牵引产品、产品牵引更大的机会的良性循环反应。在这种牵引力的连锁反应中，人才所掌握的知识处于最核心的地位，而资本则被搁置在牵引力之外，从而充分表现了知识至上、以知为本的理念。

这是与传统资本主义理论完全相反的对行为的指导方式。在这种思维的指引下，华为向知识要技术，把技术的领先作为自己经营管理的目标，并据此开创实施了一系列的技术领先管理措施，使自己的产品取得了一个又一个重大的突破，并最终为其走向世界奠定了坚实的基础。

第四节　内部创业

华为最轰轰烈烈，也最令人唏嘘的，莫过于 2000 年前后，华为提出的"内部创业"计划。华为的"内部创业"以最年轻副总裁李一男的出走为始，以港湾惨败后被华为收购为终，这可谓是其创新道路上，为数不多的几个"失败案例"之一。尽管华为的"内部创业"的设想没有达到最初的目的，但正如任正非在欢迎港湾的座谈会上提到的那样，"对这 5 年来说，没有你们离开公司，我们还发现不了公司这么多严重的问题"。①

2000 年，华为曾经高喊"内部创业"的口号，在这股浪潮的推动下，上千人意气风发地走出华为的大门，准备建功立业。华为总裁任正非在《华为的冬天》一文中，做出了变革之前的总动员：

今天要看到这个局面，我们现在正在扩张，还有许多新岗位，大家要赶快去占领这些新岗位，以免被裁掉。不管是对干部还是普通员工，裁员都是不可避免的。我们从来没有承诺过，像日本一样执行终身雇佣制。我们公司从创建开始就是强调来去自由。内部流动是很重要的，当然这个流动有升有降，只要公司的核心竞争力提升了，个人的升、降又何妨呢？"不以物喜，不以己悲"。因此，我们各级部门真正关怀干部，不是保住他，而是要疏导他，疏导出去。

2000 年的下半年，在这一次人事变革中，华为出台了《关于内部创业的管理规定》：凡是在公司工作满两年以上的员工，都可以申请离职创业，成为华为的代理商，公司除了给予相当于员工所持股票价值 70% 的华为设备之外，还有半年的保护扶持期。

华为在此时推出内创业有着更深刻的历史背景。2000 年，是华为在 IBM 帮

---

① 马晓芳.华为试水内部创业始末.第一财经日报，2012.3

助下进行业务流程变革的第二个年头，华为正从职能型组织向市场导向的流程型组织转变，这种转变的结果之一，就是管理层级的减少和中层管理编制的压缩。当时华为中高层干部中流传着一副对联"下岗下岗再下岗，裁员裁员再裁员"，横批为"精官简政"。因此，内部创业的举措，其真正的目的是，任正非希望以一种温和的方式有组织地实现新老接替。在这一次运动中，包括李一男、聂国良两位公司董事常务副总裁在内的数以千计的华为人踏上了创业征程。

华为前人力资源部副总裁吴建国的分析："任正非在欢送李一男的讲话中，把华为鼓励内部创业的目的概括为：一是给一部分老员工以自由选择创业做老板的机会，二是采取分化的模式，在华为周边形成一个合作群体，共同协作，一起做大华为事业。潜在的含义是希望通过创业员工的自我尝试，趟出一条血路，弥补华为在分销渠道方面与竞争对手的明显差距。然而，任正非没有道出更加深层的目的，却是实施第二次有组织的新老接替运动，将一部分老员工分流出去。"

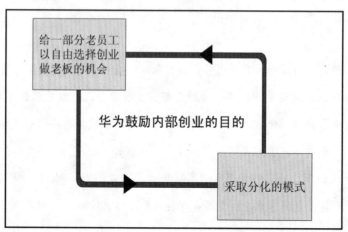

华为将非核心业务与服务业务，如生产、公交、文印、餐饮业以内部创业方式社会化。在具体实施上也制定了可行性措施，如规定：员工出去创办企业，华为可免费提供一批产品供员工所创公司销售，免费提供的产品价值＝员工所持华为内部股×1.7。但同时，华为也规定，当员工"内部创业"的时候，如要拿到完整的与股权价值相匹配的现金，就必须接受华为的"审核"。所谓"审核"，是华为的一个内部规定，即当员工内部创业或者自己创业离开公司的时候，如要拿到完整的与股权价值相匹配的现金，就必须接受华为的考察，其条件包括创业公司的产品与华为不构成同业竞争、没有从华为内部挖过墙角等等。

此计划一出，当时离开华为并在华为企业网事业部登记的代理商达 400 家之多，这是组成华为创业系最原始的一拨人。

"内部创业深层次的含义是，华为正在实施第二次有组织的新老接替运动，将一部分老员工分流出去，减少管理层级并压缩中层管理编制。"华为前人力资源部副总裁吴建国认为。

《华为公司基本法》起草人之一彭剑锋曾这样评论这一运动的意义："任正非采取内部创业的方式处理元老的出路问题是不错的途径，尽量避免树敌。在这种方式下，对元老不是'杀'而是'放'，给足创业者以待遇、荣誉，但削弱、剥夺其权力。不赞同我的观点，你可以选择离开，我们还可以成为朋友，而不是敌人……"然而，出发点是好的，但是"内部创业"后来的走势却是任正非没有预料到的。一些走出去创业的人后来与华为成为对手，抢华为的单子，挖华为的墙脚，甚至一批作为华为骨干力量的优秀人才也离开了，如李一男、毛生江等。尤其是李一男的出走，迫使华为研发体系不得不进行调整，在一定程度上导致了华为产品研发速度滞后。

从 2000 年到 2002 年，不断有员工从华为出走，严重地影响到了那些留下来的员工的工作积极性。所以，华为的这个冬天可谓是内忧外患，也难怪华为上下的士气降到了冰点。

2000 年，任正非极力支持的内部创业对华为的军心和发展带来了重大的危害。为了挽回损失，任正非采取了许多"亡羊补牢"的措施。通过宣传鼓动、个别劝说以及物质激励等方法，让当时出走的很多人又回到了华为，其中就包括毛生江、袁曦等原市场部高层，甚至就连与华为打过股权官司的黄灿也回到了华为。

李一男创办的港湾为了自己的生存，开始与华为进行正面竞争。任正非也毅然决定"痛下杀手"，成立"打港办"就是一个重要标志，凡是港湾的订单，华为无论花费多大的代价都要拿下。此外，华为还对港湾展开了知识产权诉讼，甚至连为了阻挠港湾上市而发给纳斯达克的诉讼信，华为也难以洗脱嫌疑。

你们开始创业时，只要不伤害华为，我们是支持和理解的。当然你们在风险投资的推动下，所做的事对华为造成了伤害，我们只好作出反应，而且矛头也不是对准你们的。

2001 至 2002 年华为处在内外交困、濒于崩溃的边缘。你们走的时候，华为是十分虚弱的，面临着很大的压力。包括内部许多人，仿效你们推动公司的分裂，偷盗技术及商业秘密。当然真正始作俑者是西方的基金，这些基金在美国的 IT 泡沫破灭中惨败后，转向中国，以挖空华为，窃取华为积累的无形财富，来摆脱他们的困境。

华为那时弥漫着一股歪风邪气，都高喊"资本的早期是肮脏的"的口号，成群结队地在风险投资的推动下，合手偷走公司的技术机密与商业机密，像很光荣的一样，真是风起云涌，使华为摇摇欲坠。竞争对手也利用你们来制约华为，我们面对了基金、竞争对手更大的压力。头两年我们通过加强信息安全、交付件管理才逐步使研发稳定下来；加强市场体系的干部教育与管理，使市场崩溃之风停住了。开了干部大会，稳定了整个组织，调整了士气，使公司从崩溃的边缘，又活了回来。后来我们发现并不是和你们竞争，主要面对的是基金和竞争对手，如果没有基金强大的力量，你们很难招架得住我们的竞争压力。

我们感觉到基金的力量与巨大的威胁，如果我们放弃竞争只有死路一条。如果基金以这样的方式在中国运作而获得全面胜利，那么对中国的高科技是一场灾难，它波及的就不只是华为一家了。因此，放任，对我们这种管理不善的公司是一个悲剧，我们没有退路，只有坚决和基金作斗争。当然也要面对竞争对手的利用及挤压。因此，较大地挫伤了你们，为此表达我的歉意。这两年我们对你们的竞争力度是大了一些，对你们打击重了一些，这几年在这种情况下，为了我们自己活下去，不竞争也无路可走，这就对不起你们了，为此表达歉意，希望你们谅解。

不过华为逐鹿中原，也是惨胜如败。但愿我们摒弃过去，面向未来，取得双赢。

收复港湾时，任正非对双方的竞争直言不讳。2006 年，华为收购港湾。轰轰烈烈的华为内部创业终于以这种惨烈的方式画上句号。所谓"内部创业"的说法，华为已不再提及。在华为的快速发展阶段，华为采用了拓展业务边界的方式以保持企业的持续前进，而不再采用内部创业的方式来激发日益沉淀的惰性和惯性。不过，在华为完成资本积累，然后离职创业的人变得越来越多，创业方向也更为多样性。比如互联网、传统服务业以及公关咨询等行业。虽然这些企业都与华为没有任何关联，但将华为称为"人才的黄埔军校"也并不为过。①

---

① 马晓芳 . 华为试水内部创业始末 . 第一财经日报，2012.3

激励是企业内部的营销

——美国一些零售商通过为员工提供一定的折扣促使员工在自己的商店里消费。

——福特汽车公司等汽车制造商在全公司推行"员工购买计划",以便员工拥有本厂出产的汽车。

——企业管理者不厌其烦地向员工宣讲本公司的愿景,并自我标榜"我们是最棒的"。

——公司给予员工充分的关注和认同,公开赞扬他们的成就,推行各种培训计划以促使他们的能力得到进一步提高。

我们身边的企业中不乏这类活动——这些看似毫不相干的活动其实并不是彼此孤立的,它们拥有一个共同的内核,那就是内部营销(Internal Marketing)。

人们通常把营销理解为针对外部客户所进行的营销,这是一般意义上的营销。实际上,相对于外部营销而言,还有一种针对公司内部人员所进行的营销。

内部营销与外部营销一样,是改变人们的思想、态度和行为的过程。两者的区别在于目标的不同——内部营销的目标是组织中的员工,即内部客户。

对内部营销的关注始于20世纪80年代。克里斯蒂安·格朗路斯可能是最早对内部营销作出定义的人。他在1981年的著作中,称内部营销即"把公司推销给被看做是'内部消费者'的员工"。其含义是:员工的满意程度越高,越有可能建成一个以顾客和市场为导向的公司。后来,他将这一概念进一步扩展,主张"以一种积极的、通过营销方式进行的、互相协调的方法来推动公司内部职员为顾客创造更好的服务"。

内部营销的实质是，在企业能够成功地达到有关外部市场的目标之前，必须有效地运作企业和员工间的内部交换，使员工认同企业的价值观，使企业为员工服务。在过去10年中，西方学者大多倾向于认为内部营销是从营销角度进行人力资源管理的一种哲学。

内部营销能够调动组织的力量和情感，以实现组织的战略目标。伟大的组织在面对既定目标时，总是能够集中全力，焕发出巨大的能量，而这离不开内部营销。

在这方面，每个组织都应当效仿通用电气（GE）。通用电气值得自豪的一点是，韦尔奇曾经发动了数次管理革命（平均每三年一次）。在通用电气这样一个庞然大物内，这些革命本来极易造成不良反应，但结果却带动了公司屡创新高。其中的一个重要原因即在于，韦尔奇在发动这些运动时应用了最重要的内部营销原则：

1. 简化讯息；

2. 将讯息重复700遍；

3. 使用多种沟通方式；

4. 不断传播企业的战略和设计思想。

韦尔奇是一个不知疲倦的传播者，常常通过文章、讲话、备忘录和访谈等形式强化他的思想。如果把内部营销看成是一种投资，那么可以说韦尔奇投资过度——因为他深刻地认识到，在新的数字化时代，最重要的资源是员工的才智。如果你能发挥这种才智，并将其与组织的目标时刻联系在一起，就没有做不到的事。而如果投资不足，你就会一事无成。

通用电气的员工几乎与首席执行官处在同一位置。员工们具有同样的价值理念、使命感和战略重点，甚至使用同样的语言。这也就是通用电气不断取得成功的关键所在：它有很好的思想、很好的战略、很好的计划，而且，由于它有出色的内部营销，它的所有战略和计划都能不打折扣地实现。

记住，内部营销和外部营销没有本质上的区别。你不能梦想这样向外部客户推销一种新的产品、服务或业务方式："买我们的东西吧，因为我们想让你买"，或者

"买我们的东西吧，这样我们才能多赚钱"。在企业启动某种转变过程的时候，必须让员工明白：

他们为什么要转变？

他们如何为这种转变贡献力量？

这种转变能给他们带来什么好处？

咨询专家亚德里安·斯莱沃斯基解释说，内部营销的含义比培训要大得多。这两种活动都涉及与员工的沟通，它们的目的都是以特殊的方式改变员工的思维、态度和行为。但培训的重点是为了让员工能够更好地完成当前的工作，而内部营销则涉及企业的根本性变化，它的重点是让员工理解和接受工作方式的改变，并且能够身体力行地促进这一改变（亚德里安.J.斯莱沃斯基等：《数字化企业》，刘文军译，中信出版社2001年版，第347～348页）。

伟大的企业领导人尽管面临许多企业难题的压力，也很容易被这些难题缠得脱不了身，但他们还是坚持认为，将公司战略的核心传达给内部员工和外部客户是最重要的工作。他们始终没有忘记这一点。所以，优秀公司的内部营销投资总是过度的。

（本文摘编自《张瑞敏如是说》，作者胡泳，来源：浙江人民出版社，2006年2月）

专题 2

七种员工激励方式

美国学者佛朗西斯 (C·Francis) 曾说:"你可以买到一个人的时间,你可以雇到一个人到指定的工作岗位,你可以买到按时或按日计算的技术操作,但你买不到创造性,你买不到全身心的投入,你不得不设法争取这些。"这句话生动地道出了激励的重要性。因此,企业的管理者应选择适合本企业的有效的激励方法。

具体的激励方法笔者在此提出七种主要的激励方法,以供探讨。

一、目标激励

设置适当的目标,激发人的动机,达到调动人的积极性的目的称为目标激励。目标在心理学上通常被称为"诱因",即能够满足人需要的外在物。由期望理论和目标激励的理论可知,个体对目标看得越重,实现的概率就越大。因此,为发挥目标的激励作用,应注意以下几点:

1. 个人目标与集体目标一致;

2. 设置目标方向应具有明显的社会性;

3. 拟定目标的难度要适当,要做到"树上的果子悬到跳一跳够得着"的程度,这样才易于激发进取心;

4. 目标的内容要具体明确,能够有定量要求的目标更好,切忌笼统抽象;

5. 既要有近期目标,又要有远期目标。

二、奖勤激励

奖勤激励是奖励和惩罚的合称。奖励是对人的某种行为给予肯定和表扬,使人保持这种行为，是正强化，属直接激励。奖励得当，能进一步调动人的积极性。惩罚是对人的某种行为予以否定或批评，使人消除这种行为，是负强化，属间接激励。惩罚得当，不仅能消除人的不良行为，而且能化消极因素为积极因素，达到激励员工的目的。

三、员工持股

员工持股计划是指由企业内部员工出资，认购本公司部分股份，并委托员工持股会管理运作。员工持股会是代表持股员工进入董事会，参与表决和企业利润分配的一种新型产权组织形式。在美国，员工持股计划取得了较快的发展。目前，员工持股计划约有1万家美国公司在使用，约1000万员工参加。根据员工股份所有权计划协会所说，这个数字约占美国劳动力的10%，即约有1/10的美国员工拥有他们所在公司的股份。

只有员工持股，才能使其真正成为企业的主人，承担风险并分享收益，与企业成为利益共同体。这种股权激励，通过连股连利连心，增强员工的风险意识，把市场竞争的压力、利益机制的驱动力以及主人翁的责任感融合在每个员工的身上，从而充分调动员工的积极性，大大增强企业的凝聚力，大幅度提高生产效率。

四、情感激励

被誉为"企业管理天才"的IBM的沃森，说过这么一句引人深思的话："你可以接收我的工厂，烧掉我的厂房，然而只要留下这些人，我就可以重新建起IBM。"可见，人才对企业的成功具有决定性的作用。情感激励就是通过在集体内部建立起亲密、融洽、和谐的气氛来激励职工士气的方法。人是有感情的动物，员工的情绪直接影响工作效率的高低。管理心理学表明，如果一个群体中占优势的情绪是友好、友爱、满足、谅解等，那么他的心理气氛就是积极的；相反，如果一个群体中占优势的情绪是敌意、争吵、欺诈等，那么他的心理气氛就是消极的。具有消极情绪的组织必然是一群缺乏战斗力的乌合之众，而乌合之众显然不利于组织目标的实现。作为企业的领导，应该尽量消除这种消极气氛，创造出积极气氛。

五、员工参与

现在，随着社会经济的发展，人们受到的教育水平也比以前大大提高，使得人们的价值观念都有所变化。在达到一定的经济生活水平后，员工又产生了参与管理的愿望。因此，在做决策时，主管人员应该听取员工的意见和建议，让他们参与管理，决定有关自己的一些事情。这样的参与管理，能使员工增强主人翁责任感，感觉就是在为自己工作，感觉自己的能力得到了认可，因此会更加热心地处理公司的每一件事情，使工作效率大大提高。

六、薪酬支付方式创新激励

1. 直接激励。大多数企业，给做出成绩的员工发奖金。从某种程度上说，这是直接激励。采取直接激励的方式可以取得明显的激励效果，但直接激励也不一定就指把奖金直接发到员工的手中，也可以采取其他的方式。

2. 间接激励。在薪酬支付方面进行一些创新，讲究艺术性，同样会收到意想不到的效果。企业员工的角色有多种，他不仅仅是一名职员，他同时也是父母的儿子，妻子的丈夫，孩子的父亲。无论哪一方面出现问题都会影响他的工作情绪，企业应尽力替员工解除后顾之忧，并帮助员工博得家人的支持，使员工能够全身心地投入到工作当中去。

七、影响式激励

影响力是指一个人在与他人交往过程中影响和改变他人心理及行为的能力。从影响力的性质来看，可分为强制影响力和自然影响力。前者随管理者的职务而定，后者又称为个人影响力，即通常所说的"威信"，它来自管理者自身的因素，由管理者自身具有的良好思想、作用、管理方式等形成。古人云："其身正，不令而行；其身不正，虽令不从。"社会心理学表明，一个管理者要实现他的管理功能，关键在于他的影响力。影响式激励就是企业管理者用自己的模范言行来影响、感染和带动员工，从而激发员工积极性的一种方式。实践证明，企业管理者的言行是最具影响力、最易经常实现的一种激励方式。作为一名企业管理者，有责任、有义务努力使自己成为热爱事业、充满理想和献身精神的人，成为作风民主、精通业务的人，成为能与员工同甘共苦、休戚与共、感情深厚的人。

【本文摘编自《浅析员工激励》，作者：回翠翠，柳学东；来源：四川经济管理学院学报，2006（1）】

阿里巴巴的员工激励

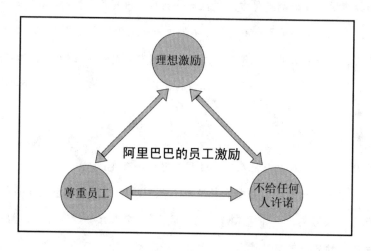

理想激励

领导者用近期将要实现的目标和已经近在眼前的奶酪来激励员工当然是重要而且很有效的。但更高层次的知识员工显然不会满足于眼前的奶酪。他们通常是理想主义者，他们需要更崇高的企业目标来实现他们人生理想的目标来牵引成长。所以，领导者要规划出组织的远景，用让人激动不已的梦想去鼓舞员工拼搏。未来的企业的目标或梦想，绝不可在领导者说过一次后，便很快消失。它必须反复地被强调，并以战略和决策加以强化。此外，还必须经常检讨，以便可随时适应新的环境变化。

阿里巴巴集团 CEO 马云一直有一个伟大的理想："我们要创造一个中国人自己的、最伟大的公司。2009 年，在阿里巴巴 10 周年庆典的时候，我们要进入世界 500 强，我们要做 102 年的企业。"

正是因为这个理想，阿里巴巴在创业初期就吸引了不少优秀人才。1999 年 9 月，阿里巴巴正式成立后，瑞典银瑞达公司的副总裁蔡崇信飞赴杭州洽谈投资。和阿里巴巴集团 CEO 马云谈了 4 天后，蔡崇信说："阿里巴巴集团 CEO 马云，那边我不干了，我要加入阿里巴巴！"阿里巴巴集团 CEO 马云求之不得。还有雅虎搜索引擎专利的发明人吴炯，也是在阿里巴巴创业早期就加入阿里巴巴，并留在阿里巴巴的。

这些人在原来的公司都已经做到了高层，阿里巴巴没有高薪挖他们，在职位上也没有升迁，以他们当时的收入，可以买下几十个刚刚成立的阿里巴巴。他们看重的不是这些，他们看重的是阿里巴巴的理想。

从 2007 年开始，阿里巴巴的高层管理团队的搭建再次提速，从最年轻的世界 500 强中国区总裁、原百安居中国区总裁卫哲、长江商学院企业战略管理教授曾鸣，到美国沃尔玛百货集团全球资深副总裁兼全球采办总裁崔仁辅，都陆续加盟进入阿里巴巴。

阿里巴巴旗下的支付宝公司风险管理部总监葛勇获，原来在工商银行负责电子支付业务，从 2003 年支付宝创立起就一直与阿里巴巴打交道。葛勇获说："那个时候负责支付宝业务的团队还在阿里巴巴集团 CEO 马云家里办公，只有两条电话线，所以我跟他们联系的时候电话很难打通，没办法我只能自己开车过去跟他们面谈。尽管办公环境很简陋，那时候外界也不认为他们一定会成功，但是他们做得很快乐，也很有朝气、很有激情，我在与支付宝的合作中也觉得彼此臭味相投，终于忍不住加入进来。"

马云也一直以他的"伟大理想"鼓舞着他的全体员工："我们是群平凡的人，但在做不平凡的事——运作一个有东方智慧、西方商业理念、参与世界性市场竞争的中国企业。"

作为一个领导者不要让你的员工为了你而工作，应该是为了共同的理想去工作，绝对不要因为领导者的人格魅力而工作。阿里巴巴是有理想、事业、使命、价值观的。但这个理想不是阿里巴巴集团 CEO 马云一个人的理想和事业，而是整个团队的理想。

2003 年，马云在接受《财富人生》节目的访谈时说道："我永远相信一点就是不要让别人为你干活，而是为一个共同的理想去干活，我第一天说要做80年的企业、成为世界十大网站之一。我们的理想是不把赚钱作为第一目标，而把创造价值作为第一目标。这些东西我的股东和董事还有我的员工都必须认同，大家为这个目标去工作，我也是为这个目标去工作。"

"将员工团结在同一个理想之下，并赋予其使命感。"长江商学院副院长李秀娟对阿里巴巴集团CEO马云的这一做法表示赞赏。阿里巴巴集团CEO马云一直要把互联网带入网商时代，并把它作为全体阿里人的终极使命。

阿里巴巴首席人力资源官彭蕾在接受《全球商业》采访时说道："激励员工主要方式是，他的工作能不能得到认可，他的工作能否推动公司的发展。也许很难想象一个一线客服人员，他怎么来理解自己也在推动公司的发展。我经常给员工讲一个故事，三个人在那里砌房子，你问第一个人，他说在那里砌砖头，第二个人说在垒墙，第三个人说他在造世界上最美的教堂，每天钟声会响起。我希望我们的员工像第三个人，每天自己都有进步，公司也在成长，这是多少钱都达不到的。"

不给任何人许诺

阿里巴巴不会对员工许诺高薪，也从来不会挖人，不会留人。但阿里巴巴注重给员工提供一个良好的成长环境，一个广阔的成长空间，能让他们心甘情愿地留在阿里巴巴，为实现百年老店的梦想而共同奋斗。

创立阿里巴巴的时候，马云给所有人的承诺是"500元的工资，没有休息天，一点不夸张。"现在，阿里巴巴条件好了，马云在招揽人才的时候，他依然没有给应聘者过多的许诺。马云说道："其实阿里巴巴经历了很多，到今天为止我们招人还是很艰难。最艰难的是2001年互联网进入冬天的时候，第一没有品牌，第二我们可以用的资金非常少，整个市场形势不是非常好，大家听到互联网转身就跑。当时很多人进来，也有很多人出去。我记得有一位年轻人，刚刚进公司时我跟他说，希望最艰难的时候坚持下来不放弃。这个年轻人说我记住了，5年以内我是绝对不会走的。这5年来他们一起来的人都走掉了，当他快坚持不住的时候我就跟他说我记得你当时讲的话。现在他坚持下来，无论他的做事风格还是他的财富都已经非常成功了。""阿里巴巴公司不承诺任何人加入阿里巴巴会升官发财，因为升官发财，股票这些东西都是你自己努力的结果，但是我承诺你在我们公司一定会很倒霉，很冤枉，干得很好领导还是不喜欢你，这些东西我都承诺，但是你经历了这些你出去一定满怀信心可以自己创业，我可以在任何一家公司，因为阿里巴巴都呆过，还怕你这样的公司。"

马云承诺的东西让人很难理解的。但在马云看来，在阿里巴巴工作的人都是有梦想的人，把工作当做一种深造和学习来对待，而这才是创业型企业所应该具备的素质。"不给任何人许诺"，这个是基于马云这样的人才观。马云说道："真正优秀的人不是为钱而来的，真正有出息的人是创造钱的，没有出息的人是花钱去的。"

马云的"不给任何人许诺"的思想同样体现在阿里巴巴的公司简介上。阿里巴巴招聘人才的面板上这样写着："在这里：也许开会开到站着也能睡着，但是欢笑和成长一定会在梦中被沉淀……也许随时要准备一双运动鞋，因为放弃挤电梯给自己一次锻炼的机会是最明智的选择……也许会忙到忘了自己是谁，但请坚信在时光荏苒后，你将是阿里巴巴宏伟蓝图上那一颗无人可替的元老级'螺丝钉'……看到那一片向日葵田了吗？向前一步，让我们一起成为阳光下绽放的最美丽的花朵！"

当然，马云不忘给员工打气道："阿里巴巴一旦成为上市公司，我们每一个人所付出的所有代价都会得到回报。"

如今阿里巴巴上市了，当年跟着马云艰苦拼杀的阿里巴巴创业者们得到了超乎想象的回报。别忘了阿里巴巴集团 CEO 马云当年最先给他们的允诺是"一天 12 个小时的苦活，不到 2000 元的低工资，苦难、屈辱和不被理解"。

尊重员工

尊重的需要是人的一种基本需要，要真正把员工看做是企业的主人，切实把尊重员工落实到实际行动上，尊重员工的选择，尊重员工的创造，尊重员工的劳动，切实维护好员工的自尊。管理大师德鲁克认为：人是企业唯一真正的资源，就应该尊重他，重视他，对他心存感激之情。

沃顿商学院管理学教授西格尔·巴萨德认为："员工最大的不满之一在于他们的

工作没有获得组织给予的足够认同。而尊重是认同的组成因素之一。当员工感到自己没有受到组织的重视和尊重时，他们往往会产生更剧烈的倦怠情绪。"

一个组织在对待其员工时所给予的尊重是"一种能够深入人心的组织层面上的现象，并且必须赢得员工的认同和认可"。

原微软中国总裁唐骏曾经说过："在美国的公司里你只要付给员工薪金就可以了，而中国的员工很重感情，他们需要被尊重和常常被感动，这就需要一种中国式的人性化管理。"唐骏举了一个例子："以前微软有位中层领导要辞职去苹果公司担任更高的职位。按照中国人的传统习惯，先是竭力挽留，如果去意已决，那就说几句客气的话就算了，但我没有。当时我在澳洲开会，我就告诉她，让她等我回来和她见上一面，她说真的没有必要，但我还是从香港转机到广州和她告别并祝福她。其实，我只是在走一个形式而已，因为我知道第二天的报纸会说，唐骏专程从澳洲辗转而回就是为了挽留她。实际上，我是做给苹果公司看的，让他们觉得自己挖到了一个真正的人才，要不然唐骏不会专程来挽留她。这样做对她本人以后的发展有利；更重要的，我是在做给我的员工看，让他们知道，公司一直很关注你，直到你在微软的最后一刻。"

尊重部下已经成为巨人控股董事长史玉柱1997年以后坚持的一贯原则。史玉柱曾这样说道："一定要尊重部下。因为你只要这样做，他假如换个单位，可能就不会再碰到一个这么尊重他的老板和上级，所以在困难的时候，他也不会走。在困难的时候，我们这个团队还都在。当时尽管那么困难，但我们大家都有战斗力，300人在一块开会，300人工资都发不出，但是300人战斗力都还在"。"最要害的是你内心深处一定要把他看成是和你平等的人。有的老板会觉得你比我低一等，我是老板，你是我的雇员。假如你真有这种想法，你的言行必然会表现出来。这样你四周的人不会跟你一条心。人是对等的，你一旦对他们尊重，他们会更加尊重你"。

尊重下属并不等于对下属非凡体贴，史玉柱表示："具体到某项工作，我该批还是照批，批得很厉害，但这只限于工作方面，你内心里一定是尊重他的。下了班你也要尊重他。"

"再一个公司一旦有利益的时候，你不能忘了他们，他们没有股份，但他们在这个过程中是做过拼搏和奋斗的。他做出多少贡献，你给他的回报，应该超出他们中间绝大多数人的预期。当然也不可能满足每个人，因为个别人会有一些偏差，他对自己能力和贡献的认识会有偏差。但是多数人会感觉满足。有好事的时候别忘了他们，他们碰到困难的时候，你要想到帮助他们解决。"

马云说道："作为领导者，你越谦虚，越尊重别人，你的同事就越能感到你欣赏的目光。克林顿最有魅力的一招，是你讲话时他眼睛盯着你，不管你是谁，他眼睛都 look at you, and listen to you（看着你，倾听你）。"

阿里巴巴 B2B 公司和淘宝网董事崔仁辅说道："阿里巴巴和沃尔玛文化非常相似的一点，就是尊重人！虽然外界很多人都认为阿里巴巴集团 CEO 马云是狂人，但是我跟他接触觉得他是非常尊重人的。"

尊重员工不只是要尊重员工的人格，更重要的是尊重员工的辛勤劳动。海尔集团张瑞敏在激励员工上堪称典范。海尔员工的工资在同行业中并不是最高的，但海尔员工都有一种自豪感，因为员工的突出贡献为海尔所珍重。海尔直接用员工的名字命名他们不断改进的工作方式，如"晓玲扳手""云燕镜子""启明焊枪""李勇冰柜"等等。这种以员工名字命名的操作法有 200 余项。这是对员工作出的努力和奉献的最大尊重和肯定，员工们也都以此为自豪。这也极大地激发和调动了员工的积极性和创造欲。

第5章

选人策略

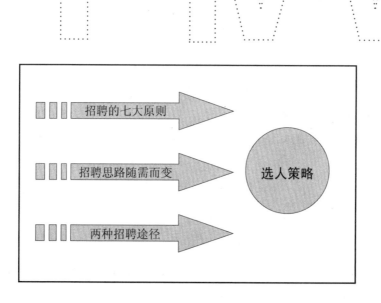

一个企业如果想要发展壮大，靠的就是人才，人力资源部招的人要符合公司的发展及企业文化，更多的是要为公司创造利益。招聘的人如果不能达到这些要求会是对企业财力及资源的浪费，既浪费了公司的生命也阻碍了求职者的发展。

第一节　招聘的七大原则

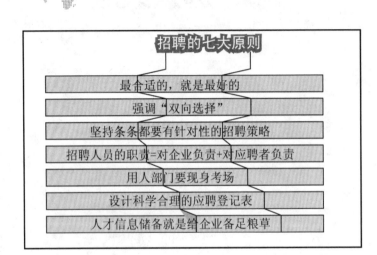

据华为一位前高管的研究，华为在选人方面有一项约定俗成的原则，即"寒门出身、心怀梦想、团队精神"，华为强调"胜则举杯相庆，败则拼死相救"，这些特质决定了华为人承受压力的韧性。[①]

华为同样非常重视人才的招聘。在企业中，由于高层管理者之间存在着教育文化背景的差异，并因此影响了他们用人的理念，经常是人事主任推荐的候选人被用人经理否决，而用人经理看重的人又得不到人事经理的赞同。因此要想提高招聘效率，必须建立一个大家公认的招聘原则。

华为认为，看一个企业的招聘是否有效，主要体现在以下四方面：一是是否能及时招到所需人员以满足企业需要；二是是否能以最少的投入招到合适人才；

① 华为的全员中产阶层路径.长江商学院，2011.12

三是把所录用的人员放在真正的岗位上是否与预想的一致、适合公司和岗位的要求；四是"危险期"（一般指进公司后的六个月）内的离职率是否为最低。

根据以上四个要点，结合公司的具体实际，华为制定了一套详细的招聘原则，力求实现招聘效益的最大化。

原则1：最合适的，就是最好的

标准要求是具体的、可衡量的，以作为招聘部门考察人、面试人、筛选人、录用人的标杆。因为人才不是越优秀越好，只有合适的才是最好的。

在华为，所谓"合适"，其标准如下：

（1）企业目前需要什么样的人？这是"软"的素质，这由企业文化决定。即选人是德才兼备、以德为先还是以才为先？是强调个性突出还是团队合作？是开拓型还是稳健型等等，这主要侧重于考察应聘者的兴趣、态度、个性等。

（2）岗位需要什么样的人？这就是"硬"的条件，人力资源部门通过职务分析明确该岗位的人需要具备的学历、年龄、技能、体能等。这侧重于考察应聘者的能力、素质等。

只有掌握了标准，招聘人员才能做到心中有数，才能用心中的这把"尺"去衡量每一位应聘者。否则稀里糊涂，根本没有办法从众多的应聘者中挑出企业所需要的人，更严重的是若是经过"层层筛选"出来的优秀的人才在试用一段时间后发现原来并不适合本企业，那么将造成企业财力和精力的极大浪费。

原则2：强调"双向选择"

即树立"双向选择"的现代人才流动观念，与应聘者特别是重点应聘者（潜在的未来雇员）平等地、客观地交流，双向考察，看彼此是否真正适合。

华为在进行招聘的时候，会特别向招聘人员强调"双向选择"这一条，绝不能像一些企业一样，为吸引应聘者，故意美化、夸大企业，对企业存在的问题避而不谈，以至应聘者过分相信招聘企业的宣传而对企业满怀期望。一旦人才进入企业，发现企业实际上并没有原先设想的那样好，就会产生失落、上当受骗的感觉，挫伤工作积极性。因此无论是在最初的招聘现场，还是最后一轮面试的双方交流，华为始终把彼此满意作为获取人才的基础。特别是在最后安排应聘者和相关负责人谈话和吃饭的时候，负责人会把发展前景、发展现状、普遍存在的问题等实事求是地向应聘者做客观的介绍。

原则3：坚持条条都要有针对性的招聘策略

企业选人是讲求"实用性"还是为后期发展储备人才？不同的目的有不同的招聘策略。华为这几年的招聘主要都是针对高校应届毕业生展开的，因此它更注重应聘者的发展潜力和可塑性，希望经过几年的培养，可以在将来用人的时候发挥作用。

如果你有观察华为的招聘信息，你可能也发现了，华为多数的招聘信息在经验的要求上都写着不限。这为应届毕业生提供了机会。应届毕业生好比一张白纸，更容易被企业的理念和文化所熏陶。假设招聘的是有过工作经验的人，他们已经接触了社会，会有自己对企业的理解，很可能会与想要打造的华为团队格格不入，甚至还会影响到团队的其他人。再者应届毕业生精力旺盛，金钱对他们的吸引力极大，所以即使要求他们长时间处在工作岗位上，他们也很心甘情愿，因为企业提供足够高的薪资，他们对企业的黏性会非常大。

原则4：招聘人员的职责 = 对企业负责 + 对应聘者负责

招聘人员既要对企业负责，也应对应聘者负责，要树立"优秀≠合适，招进一名不合适的人才是对资源的极大浪费"的观念。

在华为，招聘部门会在每年年初就主动地参与企业和部门的人力资源规划、深入一线了解企业内部人员流动去向，随时掌握企业在各阶段的用人需求，以采取合适的招聘策略，及时为企业输送所需人才。

原则5：用人部门要现身考场

在传统观念中，招聘是人事部门的事，用人部门只管提出用人需求。实际上，只有用人部门对自己需要什么样的人最清楚，而且招进来的人的素质和能力直接关系到部门的工作成效。宝洁前任首席执行官说："在公司内部，我看不到比招聘更重要的事了"。由此可见，招聘不只是人力资源部的工作，而是上至 CEO，下至部门主管所有人的工作。在招聘的过程中，华为会要求具体的用人部门和招聘部门一起完成招聘工作，华为甚至认为用人部门对招聘的配合、支持程度如何，直接决定了招聘的成败。

原则 6：设计科学合理的应聘登记表

有的企业会事先设计一张科学合理的应聘登记表，让应聘者填写企业需要特别关注的项目，通过面试前审查应聘者填写的资料，招聘企业可以淘汰一大部分明显不符合企业要求的人员，筛选出意向对象邀请其参加面试。

华为的招聘表格经过科学的设计，一张小小的表格就基本能反映出一个人的所有情况。例如在华为的登记表格上把软件细分为系统软件和应用软件，大大降低了面试的时间。

原则 7：人才信息储备就是给企业备足粮草

招聘实践中，常会发现一些条件不错且适合企业需要的人才，因为岗位编制、企业阶段发展计划等因素限制无法现时录用，但企业很可能在将来某个时期需要这方面的人才。华为绝不会轻易就与这些人才擦肩而过，华为的人力资源中心会将这类人才的信息纳入企业的人才信息库（包括个人资料、面试小组意见、评价等），不定期地与之保持联系，一旦将来出现岗位空缺或企业发展需要，即可招入麾下，既提高了招聘速度也降低了招聘成本。

华为公司每年都会从高校和社会上招聘大量的人才，在招聘和录用中，招聘人员最注重应聘者的素质、潜能、品格、学历，其次才是经验。按照双向选择的原则，在人才使用、培养与发展上，提供客观且对等的承诺。华为有严格的面试流程，一般来说，一个应聘者必须经过人力资源部、业务部门的主管等环节的面试，以及公司人力资源部总裁审批才能正式加盟华为。

为了保障人员招聘的实际效果，华为公司会在正式招聘之前建立一个面试资格人管理制度，对所有的面试考官进行培训，合格者才能获得面试资格。而且公司每年对面试考官进行资格年审，考核把关不严者将取消面试资格。华为认为，招聘人员是公司招聘人才的第一道门槛，如果这些人自身素质都很一般，那么是不可能指望他们能独具慧眼的选拔出公司需要的优秀人才的。

 # 第二节　招聘思路随需而变

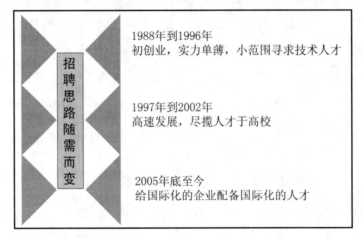

人才是企业最宝贵的资源，所以，招聘是每一家企业格外看重的大事。然而，招聘的目的绝不是简单地吸引大批应聘者，人力资源招聘的根本目的是获得企业所需的人员、减少不必要的人员流失，同时招聘还有潜在的目的：树立企业形象。招聘形式并不是一成不变的，不同的企业，应该结合企业当下的发展形势，遵循不同的招聘原则。

为了占领未来的人才高地，绝大多数企业都日益重视人才的引进和培训，而华为早已经把人才的优势提升到国内其他企业无法企及的极致。其令人生畏的"秘技"中关键的一点就是随着企业发展阶段的不同而适时地用科学的手段调整对人才的招聘思路。

华为相关发言人在接受《21世纪经济报道》记者丘慧慧采访时说道："华为一直在定期审视业务环境及人力资源环境，制订和刷新人力规划目标与方案，细化人力资源获取策略与方案，以有效的资源投入和人力资本增值方式支撑业务目标的达成。"

总的来说，截至目前，华为的招聘思路总共经历了三次比较重大的调整。

1988年到1996年：初创业，实力单薄，小范围寻求技术人才

这一阶段的华为初涉通信领域，再加上是一个民营企业，没有政治背景，条件都比较艰苦，最早的工资都是有了上月没下月的。加上当时中国电信业被外国厂商全面垄断，通信人才奇缺，像华为这样的企业不可能也没有能力进行大面积的招聘。所以华为当初的招聘主要是通过去人才市场和去固定的几个诸如华南理工之类的学校招聘，当时正处在技术突破阶段的华为，招聘的对象也主要是工科出身的技术人员。

1997年到2002年：高速发展，尽揽人才于高校

市场的迅速扩张带来了企业对人才需求的增加，机会牵引人才，华为实施了掠夺性的人才策略，员工数量成倍增加。当时，任正非给很多中层干部扔下一句话："先封你一个团长，没有兵可以招嘛！"由于市场空间足够大，企业高速成长和发展，华为对人才的消化能力很强。

自1996年以来，华为疯狂招揽人才，先入为主，成为华为的一大特色，景象也颇为壮观，有些年份新增人员达到三四千人。如2000年，重庆邮电大学电信专业一个40余人的毕业班，39人被华为招走；东南大学无线电专业30余人毕业，有25人进了华为。2001年以来，华为业务上大规模扩张，在招聘上采用了"洗大学"的拉网方式，许多应届毕业生进入华为，他们往往在大学时候就是同学或者彼此认识，因此同批进入的员工往往有一种亲近关系。"班上前5名的学生，华为全要了。"据华为内部人士说，华为到某些知名大学招聘时，对相关专业的学生，曾说出过这样的豪言。当时，华为一年招聘进几百、上千名大学生，甚至后来一次性招聘5000人，被很多媒体称为"一次进万人"。这样的"大手笔"也被一些

同行指责为"垄断人才"。

华为前北京研究所所长刘平在其文章《华为往事》中回忆道："任总（任正非）到北京出差的时候经常会抽空到北京研究所来视察。有一次在视察完后对我说：'刘平，你这里怎么才这么一点人呀，我不是叫你多招一些人吗？'。我小心翼翼地回答：'任总，数据通信做什么产品还没确定下来，招那么多人来没事做。'老板生气地说：'我叫你招你就招。没事做，招人来洗沙子也可以。'于是，我在北京研究所的一个重要的工作就是通过各种手段招人。招来的人没产品做怎么办呢？我就在北研所设立了一个协议软件部。因为我知道不管将来做什么数据通信的产品，通信协议是少不了的。这个部门的人就研究各种通信协议，这就是任总说的洗沙子。后来这个部门开发出华为的通信协议软件，成为华为数据通信各种产品的平台，也为华为后来从窄带向宽带过渡打下了坚实的基础。不得不佩服任总当时的远见。"

华为用高薪吸引人才的策略在一定程度上造成了非直接生产性成本居高不下。在公司销售飞速增长的时候，还显示不出来它的负面影响，但公司的发展一旦慢下来，负面效应就十分明显了。2001 年后，国内电信市场的增长并没有华为预期的那么快，就造成人才大量积压，大量人才只能"储备"起来，造成很大程度上的浪费。

对于"浪费"一说，任正非不以为然：

社会上，包括一些世界著名公司，说华为浪费太大，但我们认为正是浪费造就了华为。当然，我们不能再犯同样的错误，再浪费下去。

几年之后华为就走出国门，与那些曾经主宰国内通信设备市场的跨国公司在国际市场上竞争。迄今为止，众多企业在炒作石油、煤炭、金属、上市、圈钱额度、经理人、政府关系……还很少电子行业之外的企业仿效华为去炒作大学生。

曾任《华为公司基本法》起草小组组长的中国人民大学彭剑锋教授接受媒体采访时认为，华为人力资本优先的意识现在看来仍具有超前性。因为信息通信业是个新兴产业，人才市场上该行业成熟人才比较少。社会零星招聘的效率很低，招聘来的员工因为以前曾有过的工作经历，对华为的文化认同会存在一定的问题，那些营销行业的从业者，在中国本土营销市场上沾染了很多恶习，许多习惯性行为改造难度很大，比直接从大学生里选拔培养成本更高。而刚毕业的大学生如同一张白纸，可塑性较强，容易接受公司的价值观和创新的营销理念与模式，虽然缺乏工作经验，上手较慢，但是一旦进入状态成长很快，潜力很大。因此，华为侧重于直接从高校里大量招聘新人，并加大培训投入。华为最早在企业内部依据业务需求与人才成长特点建立各具特色的培训体系，如在各业务系统分别建立管理者培训中心、营销培训中心、研发培训中心、客户培训中心等。

2005 年底至今：给国际化的企业配备国际化的人才

从 2005 年底开始的招聘模式将和前两个模式都有很大的区别，主要是招聘的人才明显倾向于其全球业务的发展。

华为表示，结合公司全球业务布局、全球人才分布情况等因素，华为"欢迎能够帮助公司加快国际化进程的各领域人才加盟"。

每个企业都在把"人才国际化"作为进军国际市场的前提，但要真正形成跨文化的团队合作，建立一套引进、培训、使用、激励人才的机制却并非易事。华为的目标是成为世界级的电信设备与服务提供商，但要想真正做到"全球化"，就要"全球化""本地化"双管齐下。华为在海外设立了十多个研究所，大量外国的优秀科研人才被华为所吸引。在全球化和本地化的过程中，华为吸收全球智慧，加速国际化的进程。

2005 年 9 月 3 日，华为在成都举行"华为技术有限公司财经类专场招聘会"，目标锁定财务总监、国际税务经理、高级项目财务经理、海外会计、高级融资经理、资金计划高级分析师等中高层面的财经人才，工作地点主要在海外和深圳总部。此后，华为对财经、管理、外语等文科专业的人才需求有了显著增加，其对母语为一些小语种的外籍人才也显示出了浓厚的兴趣。这些人才在经过华为的统一培训后大部分都将派往华为在世界各地的办事处，这也是华为在实现跨国化、向世界级公司努力过程中的一个明显标志。

华为官方数据显示，华为海外本地员工的聘用平均每年增长 15% 以上，截至 2011 年年底，其员工人数达 14.6 万人，其中 80% 为男性，中国员工占 79.81%，海外员工本地化比例为 72%。其中，产品与解决方案（R&D）领域员工数占比 52%，其次为服务领域，占比 19%，销售占 11%。

华为在海外的主要运营模式为销售或零售导向的经营活动，华为称，以后将会制定本地聘用政策，以聘用更多当地人员。

华为 2011 年全球员工保障共投入 45.34 亿元，平均每名员工投入超过 31 万元。

华为公司的网站上在社会招聘栏目中如此描述对员工的需求："认真负责和管理有效的员工是华为最大的财富。尊重知识、尊重个性、集体奋斗和不迁就有功的员工，是我们事业可持续成长的内在要求。"

可以看出，华为在人才招聘方面的思路完全是根据企业在不同阶段发展的不同需要制定的，这种做法完全符合国际最先进的人力资源引进机制和《华为基本法》中关于人力资源管理的基本目标。

第三节 两种招聘途径

两种招聘途径

社会招聘：专业能力是第一把板斧

校园招聘：要的就是可塑性

华为同时具备了良好的声誉、丰厚的报酬和不可限量的发展前景，所以每次只要是华为的招聘会，不管是在大学校园里，还是面向社会招聘，前来应聘者的比例与华为招聘人数总在 50：1 左右。

与 Google 充满了数学、猜谜与异想天开的招聘不同，华为的招聘考核内容总体上还是显得比较中规中矩。但是，华为的考核也有自己的特色，其针对大学生和有工作经验的人的不同特点，在招聘员工时对这二者的考核内容也不尽相同。

校园招聘：要的就是可塑性

单纯在校园招聘的时候，华为的考核主要分为笔试和面试两个方面，笔试不是考察大学生的专业课的掌握程度，而是重点考察他们的能力和未来的可塑性，比如智商、情商、性格、心理素质、个人素养等等。因为华为的校园招聘目标很明确，都是全国有名的重点院校，能考进这些学校并且顺利毕业，首先就说明这些人的智商绝对没有问题，而且基本的基础知识是掌握的，那么在专业方面基本相同的情况下，能力和素质就成了左右个人和企业今后发展的关键。

笔试过关后的应聘者才有资格参加公司的面试，为了防止对应聘者的考察过于片面化，华为的面试一般都分三到四轮，由不同的面试官从不同方面进行考察。整个面试过程前后大概会持续四到五天，对于一些有特殊要求的岗位甚至需要更长的时间。最后决定环节的面试官一般都是应聘者应聘部门中的中高层人员，得到他们的认可以后才算是整个面试已经基本获得了成功。

社会招聘：专业能力是第一把板斧

面向社会进行招聘的时候，华为主要侧重于考核应聘者的专业技术的掌握程度和实际操作能力。在这种招聘中，前来应聘的人员以前大多都担任过类似的职位，而华为在社会上招聘的大多也是需要能够尽快上手的岗位，因此相对于校园招聘，社会招聘的考题会显得较为专业化。例如应聘技术支持岗位的时候，华为的考官会拿出好多套题目，你可以根据自己的特长选择，OS 和数据库是必考的，OS 是 NT、UNIX、Solaris，数据库是：SQL Server、SyBase、Oracle、DB2。而在外资企业工作过的应聘者，华为一般都会先安排其进行外语的交流，而很多考题也是用外语来问。

　　此外，在必要的时候，华为还会对社会招聘的人员进行信誉调查，如果该员工在原先的企业就不思进取，不讲求团队精神，那么即使是该员工的业务素质再过硬，华为也会毫不客气地将其挡在门外。这主要是因为这部分员工经过原先企业的锻炼，很多人的思想中都认同的是原先企业的理念和文化，要在短期内完全理解并融入华为的文化相对比较困难，因而其可塑性自然没有刚刚走出校门的大学生强。所以，华为只选拔那些专业技术出众，品质良好的人才，使其慢慢在工作中建立起对华为的感情。

专题

招聘工作的误区及建议

企业生存和发展的基础在于"人"。企业应重视对人才的引进、开发和使用，切实做到用好现有的，留住关键的，引进急需的，储备发展的。因此提高企业招聘工作的质量，走出招聘误区，不仅关系到企业的未来绩效和经营效果，也直接影响企业形象，然而好多企业在这方面却存在着误区。

职能不明，招聘缺乏战略性

一些企业往往在招聘人才前，没有认真规划、编制岗位职能。只是在需要人手的时候，发布广告，收取和筛选简历，面试，确定人选，把人员移交到用人部门，招聘活动也结束。人力资源部门在招聘工作中，扮演的只是一个中介的角色。

条件散乱，招聘标准不合理

因为缺乏职能界定，自然就出现招聘的岗位要求条件不清、散乱，甚至牛头不对马嘴，常常套用人家的招聘要求，对每次招聘工作，缺乏定位。毫无目的的招聘，导致招聘工作失位，影响执行人员的推进和招聘进度。最后自己都不清楚要招的是谁，需要他们做什么。

招聘人员不专业，忽略自身的形象，许多企业招聘人员非专业化，凭个人喜好决定是否录用应聘人员。导致应聘人员质疑目标公司的经营能力及发展前景，甚至对公司的水平产生怀疑。非专业的招聘人员，自认为高人一等的招聘姿态也已经难以适应竞争的需要，很可能使应聘者失望、损害企业形象。招聘并不是简单的收取简历和面试，它也是更深层次的自我发展与更新。

基于以上招聘误区，改善建议如下。

一是要建立基于企业战略和企业文化的人力资源招聘理念。人力资源招聘不是为了扩充人数，也并不是为了简单地增加"人手"。企业在实施人力资源招聘时应该强调企业的战略需求，考虑企业目标及其长期利益。企业战略是人力资源招聘的前提，企业文化则可以保证招聘的质量，可以很好地降低短期离职率。在制定人力资源招聘流程、方式的同时，企业应该清晰地明确自己的使命、愿景、战略、文化及发展目标，避免盲目招聘，增加企业人力成本。根据企业的行业、规模、发展阶段及人力资源需求情况设立人力资源招聘战略。

二是要规范企业招聘标准，培训招聘队伍，合理设计面试问题。招聘标准是反映企业价值倾向的一面镜子，也决定了人力资源招聘的质量。招聘人员的个人形象、修养谈吐、专业素质影响着优秀应聘人员对企业的评价。科学化规范招聘标准，培训招聘队伍，合理设计面试流程和问题，是保证招聘质量的实质性保证。三是要加强企业招聘管理，尊重应聘者，提高企业形象。招聘本质上是招聘方与竞聘方实现信息、能力、态度和价值观的匹配过程。企业应该加强招聘的管理，小到应聘人员的预约、电话、引领、茶水，大到面试官的谈吐、修养、衣着、能力，无不显示了企业对应聘者的态度，以及企业的文化和价值。成功的招聘，往往是细节工作做得好，于细微之处发现人才潜在的能力，于细微之处展现企业的人文关怀。细节管理的企业人力资源招聘，不仅可以吸引高素质的人员加盟本公司，也可以塑造企业良好的雇主形象，进而成就企业卓越的社会形象。

（摘编自：《略论企业员工招聘管理》，作者：丁际交，来源：《经营管理》，2010年10月）

第6章

人才培养模式

重视对员工的培训

入职培训

传、帮、带

人才培养模式

企业文化培训

提倡自觉地学习

7%的时间用于培训

"五级双通道"模式

人力资本（Human capital）是指劳动者受到教育、培训、实践经验、迁移、保健等方面的投资而获得的知识和技能的积累，亦称"非物力资本"。由于这种知识与技能可以为其所有者带来工资等收益，因而形成了一种特定的资本——人力资本。人力资本，比物质、货币等硬资本具有更大的增值空间，特别是在如今的信息时代。

第一节　重视对员工的培训

21世纪，人类进入了一个以知识为主宰的全新经济时代。在这个快速变化的时代，人力资本与知识资本优势的独特性构成企业重要的核心竞争力，人力资本的价值成为衡量企业整体竞争力的重要标志。

如何增值人力资本？就是通过教育、培训和学习这几种途径来实现的。人力资源所拥有的知识、经验、技能、个性、内驱力、团队意识、学习力与创造力等各种因素通过个体的积极整合，并内化成自己所有的，能够通过教育、培训和学习这几种途径从而不断增值。这是一个学习、培训、内化交叉的过程。

通常人们认为，华为之所以敢在人力资本上高投入，是因为它所获得的高利润足以支撑这个政策。其实，华为总裁任正非早在《华为公司基本法》中就已经明确："人力资本增值的目标优先于财务资本增值的目标。"人力资本才是创造财务资本的源泉和动力。事实上，华为即使在当年盈利状况不佳的时候，也始终坚持这个原则立场。

从创业伊始，任正非就有很强的人才资源意识。《华为公司基本法》起草人之一彭剑锋认为，华为是深圳企业中最早将人才作为战略性资源的企业，很早就提出了人才是第一资源、是企业最重要的资本的观念，这在当时具有很强的超前意识。很多企业当时乃至现在还停留在人力成本控制的概念上，而任正非在很早就提出了人力资本优先于财务资本增长的观点。

在讨论《华为公司基本法》的时候，任正非特别强调一定要把"人力资本增值的目标优先于财务资本增值的目标"一条写进去。

我们坚持人力资本的增值大于财务资本的增值。我们尊重知识，尊重人才，但不迁就人才。不管你有多大功劳，决不会迁就。我们构筑的这种企业文化，推动着员工思想教育工作的进步。

任正非在其文章《自强不息，荣辱与共，促进管理的进步》中写道：

人才是企业的财富，技术是企业的财富，市场资源是企业的财富……而最大的财富是对人的能力的管理，这才是真正的财富。

任正非深知，企业的成功与否，并不取决于企业拥有多少高学历的人才，而在于培养了多少能力与岗位相匹配的人才，实现了多大的人力资本增值。企业只有通过培训，最大程度地激发员工的潜能，才能使企业获得丰厚的回报。任正非表示：

人力资本的增长要大于财务资本的增长。追求人才更甚于追求资本，有了人才就能创造价值，就能带动资本的迅速增长。

但是，知识更新换代的频率不断加速，如果不及时补充新的知识，人力资本就会贬值，更谈不上人力资本的增值。

基于这样的认识，任正非始终坚持企业要想发展，唯一可以依靠的是人。任正非在题为《华为的红旗到底能打多久》的演讲中谈到：

华为唯一可以依存的是人。当然是指奋斗的、无私的、自律的、有技能的人。如何培养造就这样的人，是十分艰难的事情。

在任正非看来，作为一个企业，尤其是通信企业，要想依靠高科技的手段来实现企业利益最大化，就必须要建立一个学习型的组织，让每一个人成为一个学习型的工作者，只有这样企业才会具备无比强大的竞争力。

华为公司十分重视对员工的培训工作，每年为此所付出的费用是巨大的。原因一是中国还未建立起发育良好的外部劳动力市场，不能完全依赖在市场上解决。二是中国的教育还未实现素质教育，刚大学毕业的学生上手的能力还很弱，需要培训。三是信息技术更替周期太快，老员工要不断地充电。

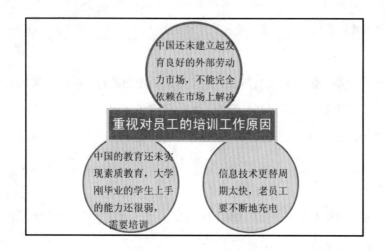

华为侧重于直接从高校里大量招聘新人，并加大培训投入。华为最早在企业内部建立起适合企业特点的分层分类的人力资源开发、培训体系，如在各业务系统分别建立管理者培训中心、营销培训中心、研发培训中心、客户培训中心等，依据业务需求与人才成长特点建立各具特色的培训体系。彭剑锋认为，在他所接触到的中国本土企业中，华为是在人力资源培训开发方面倾注的热情最大、资金投入最多的公司。

华为每年的培训费用高达数亿元，教材自己编写，从实际案例中提炼思想方便于教学。培训的效果有严格考核评估，新员工在进入华为前进行系统培训，培训后要进行严格的任职资格考试，培训的结果与录用、晋升、加薪相挂钩，纳入组织考评体系。

2004 年元旦前，广州大学敲定在大学选修课程中设置关于华为产品的相关课程，由华为免费提供价值 200 万～ 300 万元的产品设备，学生通过选修相应的课程，可以更加直接地了解到华为的通信产品。作为回报条件，毕业时，华为的合作公司可以从中挑选相应的合格者。这是华为培养后备军的一个途径。这样的培训，每个人的成本接近 1 万元，而这样规模的培训华为每年都要进行成千上万项。据不完全统计，华为每年在员工培训上的支出就有上亿元之巨。

华南理工大学教授,博士生导师陈春花在作品《领先之道》中这样写道："1996 年开始，华为凭借高薪积聚了大量来自著名高校的毕业生，一年招聘进几百、上千名大学生，甚至一次性招聘 5000 人。为确保企业形成良好的学习性组织，任正非最早在企业内部建立起适合企业业务需求与人才成长特点的分层分类的人力资源开发、培训体系，如在各业务系统分别建立管理者培训中心、营销培训中心、研发培训中心、客户培训中心等。中国本土企业中，任正非引领的华为，是为数有限的在人力资源培训开发方面倾注大量热情和资金的公司。"

 # 第二节 入职培训

企业用什么样的人,选择什么样的人,一直是 HR 最难把控的工作,慧眼识人,确实不是件容易的事。中国的很多企业在 2000 年之前，根本不招应届生，2000 年以后很多企业开始大批量招收应届生，比如华为、联想，大学生招聘到企业后，先参加公司的培训生计划。

华为每一批新员工都有专门的培训大队，下分若干中队，不少高级管理人员甚至包括副总裁担任小队长。新员工用半个月的时间学习华为的企业文化，建立统一的思想认识。这种思想培训方式前所未有，于是华为有一批学员写了一本名叫《第一次握手》的书，讲述他们在这些培训中的独特感受。

《华为公司基本法》起草人之一彭剑锋认为：在他所接触到的中国本土企业中，华为是在人力资源培训开发方面倾注的热情最大、资金投入最多的公司。入职前的培训，已经成为很多企业的必修课，但是华为的做法仍然与众不同，并且有"魔鬼训练"之称。

华为的入职培训有两个特征：一是时间长；二是不局限于企业文化培训，而是分为军事训练、企业文化、车间实习、技术培训、市场演习等五个部分。

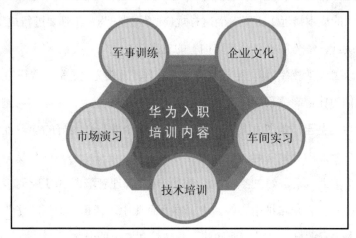

在华为，新员工进入之后，都会去深圳总部集训两周，称作"下大队"，进行军训，接受华为精神的培训。华为的骨子里流淌着的是任正非这位老军人的血。负责训练的主教官是中央警卫团的退役教官，训练标准严格按照正规部队的要求，凡是在训练过程中遭到淘汰的员工将被退回学校，经过几轮筛选幸存的员工才能正式进入公司。每天5点多起床，跑步，出操，然后上课，看讲述华为成长历史和企业文化的DVD。新员工看电影也是有讲究的，华为指定了包括《被告山杠爷》这种激发人们对威权治理进行反思的电影。

入职培训时，经常唱的歌曲有《真心英雄》和《华为之歌》，另外还有专门针对销售人员的激励歌曲。华为人对培训中"大合唱"记忆犹新，"合唱听起来很傻，可是在那样的氛围，我确实被感染和沉浸其中了，合唱结束听到掌声的时候似乎给人一种重生的感觉，我知道自己成为了华为的一分子"，前华为市场部王浩表示。

在提到自己参加过的入职培训时，华为员工小赵介绍说，新员工要上四门文化课程，每门课程的教材都很厚，包括各种文章和案例，有专门老师教授。

对于华为对新员工的培训，身为导师的老钱告诉《北京晨报》的记者，培训很有必要，尤其是现在。"华为员工的平均年龄只有 20 多岁，80 后一代成为员工的主要群体。对于华为来说，如何教育这些没有受过严格的职业素养训练、个人价值观非常强的独生子女，确实是一个新的难题"。

在培训期间，集体住员工宿舍，不许回家。两周的军训分为两节，先是一周的"一营培训"，内容是常识性地了解公司的产品和设备。再是两天的"三营培训"，其中有针对研发人员的开发流程讲解，以及华为办公自动化平台的使用，培训结束还要考试。每一个新员工在接受完军训后，才能到所在的部门上班。

华为对所有的学员都以同样的标准来要求，首先培育他们团结合作、群体奋斗的精神，以此有效贯彻集体奋斗的宗旨。其最终目的是让这些学员能更快更好地适应严格的管理，成长为优秀人才。

很多华为员工总结这段漫长的培训过程时用的是这几个字：苦、累、考试多。"如同高考冲刺阶段一般，这一段时间的考试次数远远超过了大学四年的总和。"很多学员对这种痛苦的煎熬铭记终生。但这也是他们日后向他人炫耀的资本，并受用一生。

同样，华为的国际竞争对手思科也是非常重视对入职员工的培训。思科对新员工有全面培训计划，对销售等部门有特殊化培训，对所有员工也都有不断的培训。一名思科员工一年平均要参加 6 个培训班，其中的 3 个是在网络上进行。从长远观点看来，这种培训回报率很高。它给员工这样一个概念：你不必坐等一件任务结束，因为你知道自己可以借助工具来独力完成它。

第三节　全员导师制

2012 年之前的 5 年时间，华为新增了 5 万名员工，其中大多数是直接来自高校毕业生。在华为 14 万名员工中，一半是研发员工。由于新增了很多刚毕业的年轻工程师，这使得华为员工的平均年龄只有 29 岁。向年轻员工灌输管理文化和企业文化是头等大事，将工业生产和工程实践带给年轻员工同样重要。

因此，华为采用了"全员导师制"，即"一帮一"的训练方式，将课堂教学、分组研讨、团队竞赛、集体活动等有效结合，让新员工理解公司的价值观和经营理念，认同公司文化，掌握基本的工作常识和专业技能，成长为具有可持续发展能力的新一代华为人。

新入职员工在3个月的试用期里，他们将由导师带领，导师一般是在华为工作两三年以上的业务骨干。在新员工成为正式员工的几个月里，导师要对新员工的绩效负责，新员工的绩效也会影响到导师本人的工作绩效。2007年9月，华为员工张锐在接受《新周刊》采访时说道："导师就像是你的保姆，又像是部队里带兵，人力资源问题、租房等生活问题、技术问题，什么都可以咨询导师，所有这些问题导师都必须毫无保留地回答，这是华为不成文的规定。"

华为的导师职责比较宽泛，不仅仅在于业务、技术上的"传、帮、带"，还有思想上的指引，生活细节上的引领等等。

2007年12月，小赵在接受《北京晨报》采访时说道："老师（导师）也不容易，华为对导师有严格的奖惩措施，新员工出了问题要追究导师的责任。"

不仅新员工有导师，所有员工都有导师；因为华为内部岗位变动非常频繁，即使一个在公司工作时间比较久的老员工，被调任一个全新的岗位、全新的地点，于是就又变成一个新员工了。此时，导师的作用是很大的。

不仅生产系统实行这一做法，营销、客服、行政、后勤等所有系统也都实行这一做法。华为认为，所有的员工都需要导师的具体指导，通过"导师制"实现"一帮一，一对红"。

我们建立了一种思想导师的培养制度，这是从中研部党支部设立以党员为主的思想导师制度，对新员工进行指导开始的。公司正在立法，以后没有担任过思想导师的员工，不得提拔为行政干部，不能继续担负导师的，不能再晋升。要把培养接班人的好制度固化下来。

华为的"全员导师制"和国有企业过去实行的"师徒制"既有相同的地方，

又有不同的地方。业务上，导师作用也非常明显。比如，刚到市场部的员工，连发票的报销标准以及报销的方式都不知道，这时身边有个"导师"自然就派上用场了；至于说拜访客户，制作配置、报价之类，真的是多亏了有个"导师"在，否则还真让人犯晕。

华为"导师"的别名是"思想导师"，也就是"导师"要经常和"学生"交流思想，这并不是说员工的直接主管不管这事，而是因为领导和下属常常会存在一些沟通上的障碍。华为的"导师"和"学生"差不多年纪，通常没有身份和地位上的差距。"导师"也就是比"学生"进公司早一些，业务骨干罢了，大多数情况下职位和"学生"是一样的，华为基本都是年轻人，年轻人最大的特点就是喜欢在一起扎堆，有什么思想包袱，解不开的疙瘩，和导师聊聊天，发一通牢骚也就都解决了。"思想导师"的存在更让新员工能迅速地融入集体、切入工作。所以在华为，只要在部门呆上一两个星期后，基本上就没有什么新员工了。

在华为，人人都为能当上导师而努力。因为在华为人眼中，导师不仅能切实的帮助那些需要帮助的员工，而且还是一种荣誉的象征，被选为导师的员工肯定是那个部门的业务骨干，公司每月还会给其一定数额的导师补助。在这种体系下，导师会尽心尽力地辅导学生，而学生也会虚心向导师学习，争取在将来成为别人的导师。

第四节 企业文化培训

企业文化培训的目的主要是为了能让新员工在最短的时间里改变原有的思维定势，学会华为公司的做人方式，转而了解华为，接受并融入华为的价值观。尤其是现在，华为员工的平均年龄只有20多岁，"80后"一代成为员工的主要群体。对于华为来说，如何教育"这帮没有受过严格的职业素养训练，职业化水平偏低，个人价值观非常强的独生子女"成为一个新的难题。

目前，华为已经形成了一套完善的人才培训体系。新员工入职后，首先要在华为大学进行一个星期的入职培训。为强化华为文化，新员工到华为早起跑操，迟到要扣分，而且还要扣同宿舍员工的分。

"这不是不人道，是培养团队精神，不能让新员工像在大学一样各自为政。否则，华为一年进来 1.5 万毕业生，如果全是自由散漫的乌合之众，华为原有的文化就要被稀释掉。"中国人民大学教授，《华为公司基本法》起草人之一吴春波解释说："文化的作用既可以稀释，也可以强化。如果这个文化是很强势的文化，谁进来后都这么做，你不这样做不好意思。"

华为每一批新员工都有专门的培训大队，由包括公司副总裁在内的高级管理人员担任队长。新员工用半个月的时间学习华为的企业文化，建立统一的思想认识。另外任正非本人也会经常亲自到培训班为学员们做一些很有煽动性，很能鼓舞斗志，让人不自觉地就充满奋发向上的活力的讲话。之所以会用这么长的时间来学习企业文化，任正非曾在回答新员工提问时，这样解释：

（新员工要）自我批判、脱胎换骨、重新做人，做个踏踏实实的人。

校园文化与企业文化是不相同的，校园文化没有明确的商业目的，只是教会你去做人。企业文化有明确的商业目的，一切要以商品的竞争力为中心。所以你们要重新做人，做工程商人。

我热切地希望你们年轻人很好地成长。但人生的道路是很艰难的，你今天很辉煌，明天并不一定很辉煌；你今天虽然满是伤痕，未必明天也不行。你们都要踏踏实实地工作，少去探索那些与业务主题无关的高不可测的问题，到了工作岗位，就要听项目经理的，否则他不给您第一步的发展机会，没有第一步，哪还有后面呢？我要告诫你们，不要认为自己了不起。进入工作岗位后，进步慢的人要努力改造自己，慢的人未必永远会慢，进步快的人更要努力改造自己，否则跟斗会栽得很厉害。太顺利了，反而是人生一大敌人。

企业与学校不一样，华为公司等待你们的都是做小事。你们要把"宽广的胸怀"收起来，安安心心、踏踏实实地做小事，你们要顺应华为这个潮流，和大家一起去奋斗。

在经历华为大学这一入职的前期阶段，新员工到了各部门也要适应不同的文化。比如：研发部门是"板凳要坐十年冷"；营销部门是欢迎"狼性十足"的员工；路由器产品部门的文化则是"做世界一流的路由器"；生产部门的文化是"质量是我们的自尊心"。但所有这些文化，就好比竹笋的每一层，其包围的核心仍然是高绩效。

我们可以从华为内刊《华为人》第188期中一篇文章的记述中感受到华为对企业文化的重视，"华为对员工的培训是耐心而用心的。文化贯穿于培训中，是培训的灵魂。以入职培训为例，员工入职培训一个月，其中文化培训就要用时一周，并要求员工书写学习心得。在华为大学，不经意间发现一面贴满新员工文化培训心得的白板，字里行间真情流露，足见培训效果了。这其间，华为会安排返聘的科研院所的老专家们互动交流，新员工们无不被他们的敬业、执著与朴实所感动；华为还会安排新老员工的沟通会，交流工作与生活中的心得感受，帮助新员工尽快熟悉工作与生活环境。华为，正是通过这样的点滴积累及流程制度的规范引导，将文化基因嵌入了每个人的灵魂，塑造了具有独特魅力的华为团队"。

第五节　提倡自觉地学习

华为总裁任正非鼓励新员工要提高自我学习的能力。1999年，任正非在回答新员工提问时说道：

技术培训主要靠自己努力，而不是天天听别人讲课。其实每个岗位天天都在接受培训，培训无处不在、无时不有。如果等待别人培养你成为诺贝尔，那么是谁培养了毛泽东、邓小平？成功者都主要靠自己努力学习，成为有效的学习者，而不是被动的被灌输者，要不断刻苦学习提高自己的水平。

任正非一再强调要给员工一个良好的学习和工作环境，既要注重团队精神，也要尊重个性。

我们对所有的学生以同样的标准来要求，从一开始就培育团结合作、群体奋斗的精神，从而推动实现集体奋斗的宗旨。将来在工作中，会更多地放松一些对个性的管理，有了这种集体奋斗的土壤，个性的种子才能长成好的庄稼。

……

每一个市场人员，都要利用点滴时间自我培训，每天、每时，与每一个人打交道，您都是受着不同方位的培训，只是您不自觉罢了。我们提倡自觉地学习，特别是在实践中学习。您自觉的归纳与总结，就会更快地提升自己。

我们同样可以从华为内刊《华为人》第188期一篇文章的记述中感受到华为对学习的重视，"学习，是华为的生活方式。据说，华为总裁任正非自己每周至少会读两本新书。华为内部的活动奖品大部分是书。华为提倡员工学习，即使是贵宾餐厅的服务人员或司机都会接受专业培训，不仅是本职工作所需的技能，还需要学习公司的文化、服务礼仪、沟通艺术等。服务人员需要学习对贵宾楼里每幅画的欣赏与讲解、各大菜系的特点；司机需要学习英语口语等。正是华为如此注重培训、关注每一个员工的素质提升，才有了每个环节的五星级服务。华为的服务，使产品增值；华为的培训，使员工增值。"

1997年4月，任正非在其文章《谈学习》中写道：

我们的学习要深入实际，各级干部都要学习收集案例。不要在对自己部下的培训中，言必称希腊。深入不进去的管理干部，要下放。不能在华为形成空中楼阁的管理。

我们要求高中级干部及一切要求进步的员工，要在业余时间学习，相互切磋，展开有关讨论及报告会。不要求一切员工都形式主义的跟着念报。员工也有不学习的权利，公司也有在选拔干部时不使用的权利。这种权权交换，使得每一个要进步的员工都会自觉的学习。

第六节 7%的时间用于培训

由于科技发展日趋高速化、多元化，大部分知识型员工发现，知识与财富完全是成正比例增长的，知识会很快过时，要想获得更多的财富，需要不断地学习新知识，只有不断更新自己的知识才可能获得预期的收入。因此他们非常看重企业是否能提供知识增长的机会。如果一个企业只给其使用知识的机会，而不给其增长知识的机会，企业不可能保证员工永远就业，当然也就不能指望员工对企业永远忠诚，同时，大多数高素质的员工在一个企业工作，并不仅仅是为了通过工作挣钱，而是更希望通过工作得到发展、得到提高。企业举办的各类培训，则能在一定程度上满足知识员工的这一需求。

良好的培训组织是企业提升培训成效的关键，也是其实施培训工作的保证。1.组成培训领导小组负责整个企业的培训组织领导工作。2.保证培训经费。公司每年划拨相当于参训人员上一年度收入的1.5%～2%的资金或企业上一年度利润的 x%(比例可根据各企业的不同确定)作为员工培训的经费。3.规定培训时间。企业应保证每一位员工一年应参加培训的时间。时间长短应根据企业的实际状况而定。4.加强培训的监督与管理。对培训经费的划拨和使用、培训计划的编制及实施进行监督与管理。

本身就从事高科技产品研制生产的华为比别的企业更加深刻地体会到人才竞争的激烈，华为认识到一个企业要想有所发展，就必须吸引和留住优秀人才。因此，在知识型员工更加注重个人成长需要的前提下，华为着力加强对员工的人力资本投入，健全人才培养、培训机制，自创华为大学，为知识型员工提供受教育和不断提高自身技能的学习机会，从而使其具备一种终身就业的能力。

除了重视对新员工的培训外，华为总裁任正非也非常重视老员工的在岗培训工作，尤其是专业化技能水平的提升。华为在人才培养上投入了大量资金，使员工每年有7%时间可以得到培训，对于优秀的人才还要送出国培养。

对于营销人员的专业培训。为了给市场一线培养和输送最优秀的营销人员，华为邀请具有丰富营销经验和管理经验的优秀教师开发课程和教学授课，全面发展营销人员的综合能力。

在华为，要想成为一名优秀的营销人员，就必须掌握产品知识、专业知识、营销理论知识、销售技巧知识、沟通知识等。而要想成为一个称职的国际营销人员，不仅要具备与国内市场人员同样的技能，而且必须精通外国的语言与文化，通晓国际惯例，掌握国际贸易、国际融资、国际法律等各方面的知识与经验。

华为不轻易裁员，对于不合格的员工进行下岗培训，合格后再上岗。2000 年7 月的一天，华为员工葛剑开始了一段下岗培训的岁月。正当他自认为小有进步的时候，收到了培训通知。彷徨后，他接受了这一决定。在众多辅导老师的帮助下，他认识到了自身存在的问题，又到工厂参加了 5 周的生产，在师傅手把手的帮助下，他进步很快。培训结束后，他又回到工作岗位，工作效率迅速提高。

 # 第七节 "五级双通道"模式

职业生涯规划，是指组织或者个人把个人发展与组织发展相结合，是企业开发员工潜力的一种有效的管理方式。员工职业生涯规划以双赢为目标，强调发挥员工的主动性、积极性，并有效实现员工个人价值与企业价值的高度结合。通过对员工进行职业生涯规划，企业不仅满足自身的人力需求，而且还能创造高效率工作环境、和谐的人力资源氛围，还会留住人才。

美国密歇根大学工商管理学院教授戴尔·沃尔克说："人们往往以为是金钱使得员工流失，其实并非如此。员工在一段时间内会关注薪水，但员工如果对工作失去了兴趣，单单靠金钱是不可能留住他们的。"有许多员工都因为看不到晋升机会才离开的，于是细分晋升等级、晋升架构就显得尤为迫切重要，这样做的最大好处就是他们不必等着有管理位置的空缺就可以升职。

同样，多项调查分析表明：员工个人发展因素成为继薪酬之后的最重要的离职原因。为求得稳定和更好的发展，员工开始认识并审慎为自己设计科学的职业生涯规划。作为一种新兴的人力资源管理技术，员工职业生涯规划也逐步得到了众多企业的高度重视。

在微软的团队中，每个程序员每年都有机会选择自己的职业发展道路，他们可以选择做经理，也可以选择成为技术领导者，构架设计师、甚至杰出工程师（Distinguished Engineer，享有公司副总裁待遇的工程师）。这就使他们自由地选择未来职业发展方向，这就避免了个人的职业发展和规划会影响到团队的稳定和发展。

华为在借鉴英国模式的基础上，设计了著名的"五级双通道"模式。"五级双通道"，就是将员工的职业发展设计为管理和专业两个基本通道。这些专业通道的纵向再划分出五个职业能力等级阶梯，如：技术通道就由助理工程师、工程师、高级工程师、技术专家、资深技术专家五大台阶构成，而管理通道是从三级开始，分为监督者（三级）、管理者（四级）和领导者（五级）。

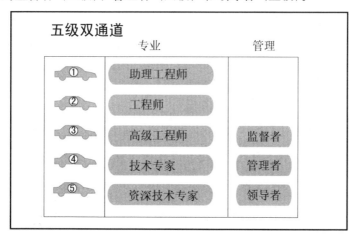

这使得华为人不仅可以通过管理职位的晋升获得职业的不断发展，也可以选择与自己业务相关的专业通道发展。这样可避免所有员工争先恐后涌向"仕途"，同时也使各级领导者的任职资格与资历等非能力因素脱钩，努力让其走上一条职业化的道路。任正非在其演讲中这样说道：

在华为有两条通道，一条通道就是向管理者走，一条通道就是向技术专家走，同等任职的管理者和技术专家是能够享受同等待遇的。如果不适合做管理者，但你在技术方面很强、业务方面很强，你可以朝技术业务方向发展，然后达到与管理者享受同等待遇。

这样，对于每一名员工而言，根据自身特长和意愿，既可以选择管理通道发展，也可以选择与自己业务相关的专业通道发展，从而妥善解决了一般企业中"自古华山一条路"、万众一心奔"仕途"的问题。

在阿里巴巴同样也实行着人才双通道。由于阿里巴巴集团CEO马云的第一份职业是杭州电子工业学院的英语老师，所以在打造自己公司的管理架构时，他习惯性地先想到了大学的架构："大学里除了科室主任、系主任、院长这条管理线，还有助教、讲师、教授这条业务线，公司也可以按照这个办法来打造嘛。"

于是，按照马云最初的这种构想，就诞生了阿里巴巴公司早期的两条泾渭分明的"升职路线图"，也是员工职业生涯规划的路线图。

一条线是管理线，即沿着"官路"走。沿着金字塔的路线向上依次是Head、Manager、Director、VP、Senior VP、CEO。

另外一条线是"学术线"，追求"技术立身"或者"业务立身"。走这头路线的人，阿里巴巴鼓励他们搞学术、研发和创新。通常，新员工来到阿里巴巴之后，经过第一阶段试用期转正以后就变成了"勇士"；然后，经过3～6个月，跳过3级，升为"骑士""侠客"；侠客以后是"Hero"。当然，要达到Hero的级别很难，Hero里面又分A、B、C 3级；然后到Master（大师）；大师之后才是Chief，共分5档，每档又分3级，一共15级。这条"学术线"不可谓不漫长、复杂，熬到大师级的人应该是进入一个非凡的境界了。

的确，比如雅虎搜索引擎的发明人、原阿里巴巴CTO的吴炯；比如在GE工作了16年之后加入阿里巴巴的关明生；比如曾任中国雅虎总裁的曾鸣；他们在各自的技术、管理、学术领域，都要比阿里巴巴集团CEO马云优秀得多。

案例链接 1

思科：培养人才

1984 年成立的思科（Cisco）系统公司是一家标准硅谷模式的高科技公司，对 IT 产业有所了解的人都会知道，思科公司是全球最大的网络解决方案供应商之一。2000 财政年度总收入达到 174 亿美元。思科能取得这样的辉煌成就，其中原因很多，但其与众不同的购并人才策略起了最大的作用。

1. 新员工有"向导"

一名新员工到思科后，经理会告诉他关于如何在思科快速进入角色，如：向经理、同事或师傅要整个公司自上而下的组织结构图。迅速熟悉在思科工作的几种关键的联络工具，例如 email、语音信箱、Web 页面，经常检查和反馈这些信息。

在到思科的两星期内，新员工向自己的经理了解以下问题：①谁是你部门的同事和师傅；②你部门的使命和目标是什么；③你的经理对你三个月的业绩评估期待和目标是什么；④你最首要的任务和重点是什么；⑤在你的工作中什么培训将对你的新工作有益。

2. 员工自我塑造，自我培训

思科最强调的，还是员工的自我塑造，自我培训。思科是一个生存在网络上的公司，有非常发达的内部网，其中有一个庞大的 E-learning 系统。E-learning 与传统的学习环境相比有三个最主要的区别：首先内容是通过 Web 进行发送；其次是对学习进行电子化管理，包括学习跟踪、报告及评价；其三是在学习过程中，学员之间进行的电子化的协作。E-lea rning 的互联网特点可以使员工的学习更加自主，另一个特性是内容比较容易更改，所以当竞争发生变化，知识也要发生变化，通过 E-learning 能使员工跟上不断变化的经济，并且从中受益。

内部培训系统 E-learning 是一个开放的电子教学系统，员工自己管理自己的培训，就是自己决定"我上什么课，我要做什么事情"。公司内部是一个充分授权的环境，员工的职业发展和培训完全由自己来掌握。人力资源部门每年的培训目标是"我来做我的培训"，职业发展的目标是"我来负责我的发展"。公司要做的是提供一个良性的、不断挑战目标、挑战自我的工作环境，让员工的努力得到精神上的认可。

思科设立了培训网站，当员工登录的时候，选择所从事的工作，比如销售时，会看到一个完整的职业发展计划图，从刚刚加入公司时的培训，到你要上什么样的产品课、销售课，就像组织树一样展现在那儿。如果是一个工程人员，进去以后也看到一棵组织树。这个网站是互动式的，你上了课之后，它会自动给你提供一份最新的记录，这样你可以了解你的培训历史，老板也可以看到这些信息。这相当于有一些公开的培训资料，你登记要上什么课，然后网站帮助你跟踪进度和结果。

职业培训图中间有一些模块是电子教学，有一些是课堂教学，有一些可以链接到电子书店，让学员直接选购书籍。公司把这些全部放手给员工自己决定。网站上可以看到所有课程的一个滚动的日程安排，比如你选一门销售课，日程表上列着这门课 3 月份开一次，8 月份开一次，你可以在自己选择的日期下作登记。电脑会自动统计人数。

3. 进入学校培养员工

思科的发展速度要求员工能够自己很快独当一面，所以对高校应届毕业生使用得比较少。思科前几年开始在一些大学设立有一个虚拟的网络学院（Networking Academy），通过提供一些设备和课程，让学生熟悉 Internet 环境，而且对学生有一个笔试的 CCNA 认证，让学生对 Internet 有个基本的了解。思科在过了这一关的学生中挑选一些人做见习员工。

另外思科也在学校开始一些助理工程师的培养，以后这些学生经过半年到一年的培养，成为思科正式的工程师。思科公司每年招聘的人不是太多，但应聘的人很多，所以其选拔制度非常严格。

（本文摘编自《思科：与众不同的购并人才策略》，作者：周灿，来源：易才，2005 年 3 月，有删节）

三星：人才第一

"在企业，不培养人才是一种罪恶，不能灵活运用人才而拒之门外是经营的一种损失。"这个理念一直伴随着三星的发展，培养人才成了三星经营活动中重要的组成部分。

1988 年，三星宣布"二次创业"并提出了"以人为本"的思想。1993 年，三星重新制订经营理念时，又确立了"以人才和技术为基础"的信条，始终把人才放在了第一位。

"这个人出身于三星，必定能力非凡！"

这个话听起来似乎有些夸张，但至少在韩国，这是活生生的事实。有一家韩国猎头公司的老板就这样说："评价一个人的能力，重点要看他的经历，这样评价是最为客观的方法，至少可以认为，如果他出身三星，那水平一定没问题。"夸张一点说，"三星出身"这几个字足以使任何学历都黯然失色！

"三星出来的员工不用面试"，这样的事例在深圳、天津、苏州等地都曾有过，现在也有。

在韩国国内，三星拥有世界一流的培训设施，设有 12 个培训中心，可同时容纳 9300 多人。其中位于京畿道龙仁的三星人力开发院是三星集团培养人才的摇篮，三星把它称为价值共享中心、知识创造中心和成果创造中心。在这里统一实施三星集团新员工入职培训、国际化培训、中高层管理培训等。位于韩国京畿道水原的三星电子尖端技术研究所是专门进行员工技术培训的基地，无论是新员工还是公司老总，都要来这里接受最新的技术培训。仅仅为培训研发技术而专门设立研究机构，这在韩国国内尚属首例。

三星还十分重视吸收社会上各方的有用人才。目前在三星公司，除了包括诸多经济界、学术界精英外，还包括其他各类人才，以至社会舆论称三星为"人才汇集中心"。

三星认为，无论在过去还是现在，乃至将来，重视人才都是三星重要的价值观之一，也是三星不断取得竞争优势的重要源泉。几乎没有哪家企业是不重视人才的，但往往言行不一。三星的厉害之处就是它能说到做到。比方说很多企业都说员工培训如何重要，可一遇到经营状况不好的时候，培训就得靠边站，甚至放弃不做；但在三星，员工培训早已纳入了高层的议事日程，不论什么样的状况，都要坚持对员工进行训练和培养，并把它视为一个系统工程，从没有间断。而三星实践人才第一的具体做法就是培养人才、提供环境、适才适用。

(本文摘编自《卓越体系铸金牌员工：解密三星培训之道》，作者：张正顺，来源：机械工业出版社，2008年8月)

第7章
干部选拔、培养与考核

以制度来选拔干部

干部管理"四象限"　　　　　　　干部要从实践中来

干部选拔
培养与考核

坚持干部考核　　　　　　　后备干部培养

造就核心力量

2005 年，华为对业务部门进行了一次梳理，重组为销售、市场营销、研发和供应链、财务、策略和合作、人力资源七大部门，各部门再根据自己的实际情况调整内部的组织结构。华为取消了常务副总裁的职位，取消原来的总裁办公会议，战略决策通过公司 EMT 会议来解决，各个部门之间的日常协作则通过流程来完成。合并了机关部门，整合、裁减了 1/3 的一级部门，避免政出多门，减少了基层的工作量，以有效支持未来的发展目标。华为针对不同层面干部进行 10% 的末位清理，有 93 名各级主管自愿降职降薪聘用，目的就是要给真正敢于承担责任、敢于拍板、能带领部门走向成功的干部让出空间，通过人员置换增强企业的活力，以电子流来替代人工的操作，以降低企业运作成本，增强竞争力。

《华为公司基本法》起草人之一彭剑锋谈到干部管理，认为："华为最大的特点就是干部能上又能下，下了还能上。国内的企业就不一样了，你犯了错误下来以后就永远没有机会了。只因为华为下了还能上，所以下就更能被接受了，因为大家看到只要干好了，下次还有机会。很多人从副总裁到办公室主任，干得好了又回到副总裁的位置上。"

第一节　以制度来选拔干部

年轻干部的选拔问题已经成为整个国家和企业关注的热点，任何制度设计上的疏忽与漏洞都可能带来难以弥补的消极影响。人们在关注并思考，如何让制度环境更加有利于年轻干部的成长。

在干部选拔程序方面，华为没有搞民主推荐，不搞竞争上岗，而是以成熟的制度来选拔干部。这个成熟的制度包括职位体系、任职资格体系、绩效考核体系、干部的选拔和培养原则、干部的选拔和任用程序、干部的考核。首先，华为会根据任职职位的要求与任职资格标准对员工进行认证，认证的重点是员工的品德、素质和责任结果完成情况。认证后还要对其进行 360 度的考察，即在主管、下属和周边全面评价干部的任职情况。考察干部后还要进行任前公示，使干部处于员工监督之下，每次任命都要公示半个月，半个月内全体员工都可以提意见。华为在每个干部任命之后还有个适应期，并为其安排导师。适应期结束后，导师和相关部门认为合格了才会转正。任正非在"第二期品管圈活动汇报暨颁奖大会"上讲道：

万国证券公司，是非常艰苦奋斗的，他们艰苦奋斗那段历史、那种经历应该令世人都震惊的。他们不是一个坏公司垮掉的，而是一个好公司垮掉的。他们是很有业绩，很有成绩的，做得有声有色。但是，由于内外种种压力，他们的总裁违反证券市场的操作法规，突然孤注一掷，抛空国债。本来，判他不违法，他可以赢利40个亿，判他违法，他就亏损20个亿。大家想一想，不要说他们亏损20个亿，就是华为亏损20个亿，我看日子也是很不好过的。他们很难过关，他们就垮掉了。那么，华为公司会不会垮掉呢？比如说我也会不会去孤注一掷呢？完全可能的。因此，我们必须要有一个"基本法"来确立华为公司的层层管理体系，确立层层动力和制约体系，这样，公司的发展才能有序有规则。然而，要实现这个有序有规则不是一天、两天就可以实现的，它将是非常漫长，很艰难的。但实现了这种有序的动力与制约机制，我们就不会犯万国证券的错误，不管总裁有多大个人威望，不对的事，就会有牵制。

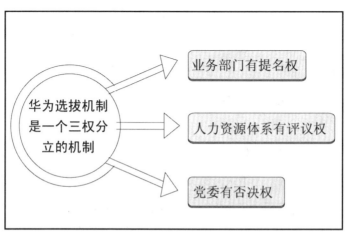

另外，华为执行任期制，保证干部的能上能下，完不成目标的要下来。选拔机制是一个三权分立的机制，业务部门有提名权，人力资源体系有评议权，党委有否决权。华为的干部考核机制有三个方面，一是责任结果导向、关键事件个人行为的评价考核机制；二是基于公司战略分层分级述职，即 PBC（个人绩效承诺）承诺和末位淘汰的绩效管理机制；三是基于各级职位按任职资格标准认证的技术、业务专家晋升机制。例如走专业线的就是技术专家、业务专家，他们可以各种职位标准来申请，认证通过了就能够上去。华为在干部考核过程中不完全重视绩效，因为绩效只能证明你可能会克服被淘汰，不能证明你可以被提拔。关键要看个人行为考核，要综合各种要素来考虑。

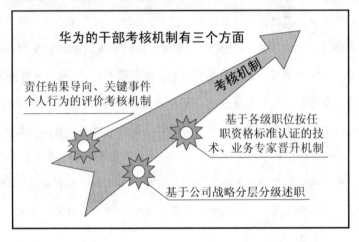

至于干部的选拔标准，任正非在其文章中这样写道：

我们要提拔重用那些认同我们的价值观，又能产生效益的干部。我们要劝退那些不认同我们的价值观，又不能创造效益的人，除非他们迅速转变。

……

认同华为文化、价值评价规律，并全心全意为公司而努力的干部才能成为我们事业的中坚力量。允许一些不认同我们的文化，但具有专业知识的人，在一定的岗位上工作。不能认同我们文化的员工，不能进入高中级。要建立一支强有力的、英勇善战的、不畏艰苦的、能创造成功的战斗队伍。

至于如何选拔和培养干部，华为内刊《华为人》第 177 期（2006 年 7 月）中有着这样的记述：

其一，以责任结果为依据

对干部的选拔要以责任结果为依据，好的干部是干出来的，对素质的评判更应以责任结果为依据，避免唯素质论；没有好的责任结果的干部不应该被提拔或被培养。

其二，用好后备干部资源池

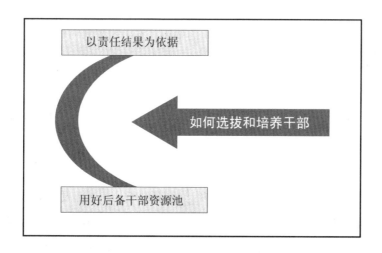

满足大量的干部需求要以建立足够数量的分层分级的后备干部资源池为保证，建立后备干部资源池的本质是建立一套动态的、例行化运作的后备干部选拔、考察、培养、淘汰、使用的机制，他就像一只不停摆动的筛子，人们在这里要么进步要么被淘汰，没有第三个选择。这是一个宽进严出的系统，可以通过各级管理团队推荐，也可以自荐，但必须通过对关键否决条件的审核才能进来。进来了，就将接受更多、更艰巨的任务与挑战，同时也受到比对其他人更为严格的考察与约束，这个过程就是培养。这是一个开放的系统，这一轮被淘汰的人，改进后还有可能再进来，但进来了就随时有可能被再次淘汰，因此这是一个熔炉而不是保险柜，只有那些始终能够通过最严格考验的人，才能真正走上各级管理岗位，不进则退是这个系统最基本的出发点。严酷的竞争形势要求干部队伍的所有成员都必须从思想上、行动上保持一种随时可以进入战斗的紧张状态。华为认为应该承认并尊重人们对安逸和享受的追求，但对管理者而言，那应该是在退出管理岗位，不再承担管理责任后，因为形势不允许两全。

 ## 第二节 干部要从实践中来

领导艺术不是天生就有的，而是在长期的工作中学习和实践形成的。要想成为一个出色的领导者，必须要具备渊博的知识、杰出的智慧和卓越的才能，这是造就领导艺术不可缺少的重要条件。领导的主要内容之一是决策。因此，科学地决策，是领导艺术的基本要求之一。在长期的工作中，环境错综复杂，情况千变万化，只有超人一等的才能、丰富的经验和远见卓识，才能运筹帷幄，妙计层出不穷，才能显示出一个领导者稳操胜券的高超独特的决策艺术。这也是干部要从实践中来的重要原因。

华为总裁任正非认为，有基层工作经验和管理经验的干部更了解员工的工作、生活状况以及想法，也更熟悉公司的企业文化。因而，华为确定了这样一条方针：从华为自己队伍里培养自己的骨干。即依据华为一系列管理者制度和政策，靠自己的努力来培养跨世纪的管理人才。任正非在其题为《在实践中培养和选拔干部》的演讲中说道：

我们还有个政策：凡是没有基层管理经验，没有当过工人的，没有当过基层秘书和普通业务员的一律不能提拔为干部，哪怕是博士也不能。你的学历再高，如果你没有这些实践经历，公司就会对你"横挑鼻子，竖挑眼"，你不可能蒙混过关。因此，"从实践中选拔干部"和"小改进，大奖励"是两个相吻合的政策。我很害怕我们这个公司的上层中有人头脑发热，最后导致这个公司生命的终结。

任正非认为，对于大量的基层和中层管理人员，要坚持"从实践中来"的选拔原则。

现在我们需要大量的干部，干部从哪里来？必须坚持从实践中来。如果我们不坚持干部从实践中来，我们就一定会走向歧途。

"从群众中来，到群众中去"是中国共产党始终坚持的群众路线，党员只有深入基层，才能了解民众的疾苦。党和政府在选拔领导的时候也强调：要优先选拔那些有基层工作经验和管理经验的干部。这个原则被华为很好地借鉴了。

任正非说过，华为的领导人必须具备基层工作经验，否则不能当领导。华为不断地将一批批高层干部下放到市场锻炼，任正非用勾践卧薪尝胆和苏武牧羊的故事来勉励他们。

经验和能力是干部必备的素质，而这种素质只能通过从基层一步一步培养起来。

我们确定的干部路线是从我们自己队伍中尽快产生干部，就是要在实践中培养和选拔干部，要通过"小改进、大奖励"来提升干部的素质。当你看到自己的本领提升，对你一生都有巨大意义，你才知道奖金是轻飘飘的了，另外，你才知道你后头的人生命运才是最关键的。

……

我们强调实践是检验真理的标准，我们从实践中选拔干部，我不是听你说怎么样，我是把你过去做过的事拿来评价，如果评价以后有领导风范，又有团队管理能力，为什么不能当干部。你能够担任这个职务才能用你。所以我们反对民主推荐，反对竞争上岗，这样就搞乱了任职体制。我们公司这几年严格控制考核体制，考核体制已经形成了一种范本。学历是重要的，但不是唯一的，我们在所有干部考核表上唯一没有设的一栏就是填学历，都是你在公司实践工作的评价。对于那些责任能力高的，素质还不是很好的，我们要求他多学习，要求提高自身素质，多提供一些培训机会给责任能力好的人，但是老是不能提高素质的，我们就要他心态平和地去接受一般性的工作。

华为的调配和一般公司不同，往往不是把差的人调走，而是把最好的员工"发配"各地。一位华为的工程师在文章里写道："我们开始都不理解，为什么公司派最好的人去农村、去基地……后来终于明白了任总的苦心：只有最好的人去，才能有感受，有学习，真正了解基层，回来以后才能真正改进工作。"另一位员工感言："在华为的短短4年，我得到了难以想象的丰富经历，从研发，到市场，到服务，在其他企业是完全不可能的。"

华为招聘的员工拿着工资到基层绝不是走走形式，而是去体会：首先，新员工下基层一去就是数月甚至经年；其次那个基层岗位就是你的，把这个岗位做好了再说；最后，华为的基层都是一些比较偏远的地方，这和实习根本就是两回事。新员工当初招聘进来时的确有个工作意向，比如说做市场，但做市场也要先去装机，装完了再考核，考核合格也不一定就去做市场，还要经过综合评定。在华为，不要说本科生，就是博士也要过这关，不是形式，不是锻炼，那就是你的工作。华为前副总裁郑树生、徐直军等也是博士毕业就直接分配到基层，在一线开发时作出了杰出贡献而得到提拔的。在华为，博士身份唯一的特别之处就是在长达半年的实习期里工资比本科生和硕士生稍微多点，此外与其他人都是一样的。

任正非在其文章《不做昙花一现的英雄》中写道：

各级干部都要亲自动手做具体事。那些找不到事又不知如何下手的干部，要优化精简，不仅要精兵简政，也要精官简政。我们将把没有实践经验的干部调整到科以下去。在基层没有做好工作的，没有敬业精神的，不得提拔。任何虚报浮夸的干部都要降职、降薪。

任正非认为，作为一个管理者不但要学会做人，也要学会做事，踏踏实实地做事，认认真真地做事。那种只说不做或只会做表面文章的人，或只会进行原则管理、从不贴近事件的人，不能得到提拔和重用。

任正非在其文章《再论反骄破满，在思想上艰苦奋斗》中写道：

　　为了实现优化管理，我们一定要实行干部参加实践的制度，没有管辖基层工作经验的员工，不能担任科级以上干部。没有与部门相关专业与业务实践经验的员工，不能担任部门经理。即使经考选进入负责层的干部，不继续深入实践，也可能会被免职。

 # 第三节　后备干部培养

　　华为大学不是传统意义上的大学，它只是华为的一个机构，一个为华为培养合格干部的机构。但这个华为大学，在江湖上却名声很大，有的时候，它比传统意义上的某些大学还有名气。华为大学的目的是要让华为的干部队伍成为江湖中最优秀的企业干部队伍。

　　从2004年开始，华为大学就一直在正常运转之中。几年来，这里走出了千余名合格的华为干部。每一个人都能很容易地看出，华为干部的选拔是如此透明、公平，同时也是如此严格。华为的中基层干部基本上都是来自于业务和管理工作一线的优秀骨干。华为干部选拔和培养标准非常强调责任结果导向，要有好的绩效输出。带领团队的干部，更要有好的团队绩效输出。

　　2011年1月4日，任正非在华为大学干部高级管理研讨班上的讲话时表示：

　　一、华为大学的办学方针要从"培养制"转变为"选拔制"，干部员工有偿学习，自我提高

　　恭喜大家成为华为大学第一届自费大学生，我们要继续推行这种路线，在公司内部，除了收学费，停产学习还要停薪；教材也要卖高价，你想读书你就来，不想读书你就不要来。交学费不吃亏，为什么不吃亏呢？因为学好了能力就提升了，出绩效和被提拔的机会就多了；即使没学好被淘汰了，说不定是现在退一步，而将来能进两步呢？所以投资是值得的。以后收费标准可能会越来越高，交学费、停薪就是要让你有些痛，痛你才会努力。

我们这样做是为了增进三个造血功能：一是学习提高了你的能力，就好像你增加了健康血液；二是华为大学有了收入，会办得更好，它的血液循环更厉害，更优秀；三是公司得到了大量的后备干部，增进新鲜的血液。这三种造血功能的自我循环，华为为什么不长治久安。

华为要从过去的培养制和苦口婆心的培育方式，转变成你爱学就学，关键是看员工工作干得好不好来确定员工的去留，而不是看爱不爱学习。历史上不好好学习最后成了伟大人物的例子很多，学习不要强求。

任正非表示：

我们不搞培养制，我们没有责任培养你，我们是选拔制，选拔更优秀的人上来，在全公司和全世界范围内选拔优秀者，落后者我们就淘汰。我们不会派一批老专家苦口婆心地与落后者沟通，迁就落后者，在这个问题上我们要改变过去的一些作法。按照这种办学方针，华为大学就应该是个赚钱的大学。华为大学将来要想大发展，就一定要赚到钱，将来没人拨款给你。华为大学赚的钱先拿去自己发展，财务给出结算方法，把钱算给华大，让它转成投资，让大学办得更大更强。

华为大学的老师在后备干部培养这一过程中，是组织者，不是传授者，如果他们是传授者，水平就限制在一定高度了。我们的学习就是启发式的学习，这里没有老师上课，只有"吵架"，吵完一个月就各奔前程，不知道最后谁是将军，谁是列兵。相信真理一定会萌芽的，相信随着时间的久远，会有香醇的酒酿成的。

任正非比较看好案例讨论的方式教学。对于华为干部后备队的案例学习，任正非给出了一些建议：

第一阶段先从启发式学习开始，先读好教义，最好每天都考一次试，来促进学员的通读。胡厚崑、徐直军领导主编的这些教义很好，我想不到会编得这么好，它凝聚了全体编委及大家的心血，也许他们的努力会记入史册。考完试以后老师先别改卷子，直接把考卷贴到心声社区，贴到网上去，让他的部下、他的周边看看他考得怎么样，给他学习的压力。

第二阶段自己来演讲，演讲的内容不能说我学了好多理论，我就背那个条条，这种演讲是垃圾。讲你在实践中，你做了哪些事符合或不符合这个价值观，只要你自己讲，我认为都是合格者，不合格者就是那些不动脑筋混的，喊着口号、拍马屁拍得最响的，就是不合格分子。你的演讲稿子和你讲的故事，必须有三个证明人，没有证明人就说明你是编出来的，你在造假，你在骗官。要把证明人的职务、工号、姓名写清楚。你一写完一讲完，我们马上将你写的、讲的贴到心声社区，连你的证明人都公示上去了，看谁在帮你做假。报告也不要写得又臭又长，抓不住重点，抓不住主要矛盾和矛盾的主要方面。

第三阶段就是大辩论，把观点和故事都讲出来。凡是没有实践的纯理论的东西，就不要让他上讲台，讲纯理论性的东西就扣分。演讲完了大家就辩论，不一定要拥护我们的文化，我们的文化没有特殊性，是普适的，都是从别人那儿学来的，抄来的。以客户为中心，以奋斗者为本，外籍员工听得懂，喊拥护的人也未必就是真心实意地拥护。大辩论中有反对的观点，我认为也是开动了脑筋的，也是有水平的，我们要授予管理老师权力，让反对者过关。我们华为公司允许有反对者，相反对于正面的观点，我们恰恰要看他是否真正认识到了规律性的东西，或者只是陈词滥调、被动接收。

第四个阶段，大辩论阶段个人观点展开了，人家好的你吸取了，人家差的你也知道了，然后就是写论文和答辩。你写的论文也要是非理论性的，只要是理论性的就是零分。就是要讲你的实践，你实践了没有，你实践的例子是什么。没有实践，你看到别人做了一个事情做得特别好，你从中学到了东西，你看到别人的实践你也可以写，要让当事人当个证明人。找不到证明人这个阶段就不算过，以后可以补课。

人力资源管理纲要、业务管理纲要、财经管理纲要等，都作为学习班的学习内容，你想学什么都可以，学什么我们都认为你学过一次了。

任正非说："我们要求每个员工都要努力工作，在努力工作中得到提拔。我们认为待遇不仅仅是指金钱，还包括任务的分配、责任的承担。干部的职务能上能下，因为时代在发展，企业在发展，而个人的能力是有限的。这是组织的需求，个人要理解大局。"

在干部政策的导向上，华为适时地出台了三优先和三鼓励的政策。

三优先，说的是优先从优秀团队中选拔干部，出成绩的团队要出干部，不能连续实现管理目标的主管要免职，免职的部门副职不能提为正职；优先选拔在一线和海外艰苦地区工作的员工进入干部后备队伍加以培养；优先选拔责任结果好，有自我批判精神、有领袖风范的干部担任各级一把手。

三鼓励，说的是鼓励机关干部到一线特别是海外一线和海外艰苦地区工作，奖励向一线倾斜，奖励大幅度向海外艰苦地区倾斜；鼓励专家型人才进入技术或业务专家职业发展通道；鼓励干部向国际化、职业化转变。

三优先，三鼓励，不是自愿性的，而是几乎强迫性的。①

第四节　造就核心力量

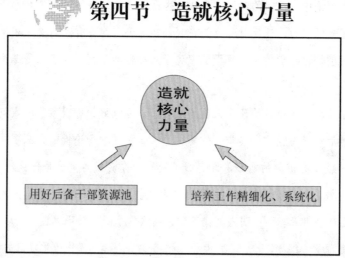

由于高层主管们的时间多半被每天的日常工作占满，接班人的问题往往不是被彻底遗忘，就是被当做最不紧要的事情看待。接班人计划需要企业主以及高管

---

① 初笑钢.任正非的七种武器.机械工业出版社，2011.5

们认真考虑自己意外死亡或残疾之后的情况，这显然不怎么令人愉快，因此许多企业高管们往往有意无意地淡化选择和培养接班人的重要性。执行一项有效的接班人规划，一般需要花费三到五年时间。这意味着企业高管们应该从现在就开始行动，为企业设定长远的目标，并认真思考未来该由谁来接棒。

没有天生的高管，大多数的企业高管都是从企业基层、中层提拔起来的，或是从其他企业跳槽而来的。对处于高速发展期的企业而言，这种提拔和挖人都是必需的。但是，往往也会出现缺乏经验的管理者需要很长一段时间的锻炼和磨合才能胜任高管职位的情况。这种不适应，不少是由于中层和高层不同的工作方式所造成的问题，也有由于工作视野不同所造成的困惑。

因此，需要培养高管的领导力。高管的才能是可以培养的，他们应该意识到从中层到高层管理方式上发生的改变，学习跨专业管理、跨部门整合的能力，并要具备全局观和系统能力。

令 GE 人引以为豪的就是 GE 培养企业领导人。GE 也认为，领导人与对领导人的培养是 GE 成功的重要原因之一。GE 的机制培养了无数优秀的人才，以至于 GE 发展人才与培养接班人计划的做法早在 20 世纪 50 年代就被写进了教科书，作为风靡全球财经领域的经典案例。

每年，欧莱雅会选送全球有领导潜力的高级管理经理到法国巴黎总部参加高层培训，培训由欧莱雅集团与欧洲著名的工商管理学院 INSEAD 合作，设置名为"Leadership for Growth"的领导力培训课程，专门针对有工作经验的全球高层经理人。有机会参加这种培训的学员将与来自世界各地的管理精英在这所世界一流的商学院度过紧张充实的 20 天，从顶尖的 MBA 教授以及经验丰富的欧莱雅高层领导那里，吸收先进的管理理念。

在戴尔，挖掘核心人才的领导潜力被视作企业发展的一项重要战略。戴尔的核心人才管理体系囊括了一系列人才培养项目和方案，旨在系统性地对人才进行评估、规划和开发。其中，戴尔"组织人力资源规划（OHRP）""人才规划（People Planning）"和"个人发展规划（Individual Development Planning）"堪称戴尔核心人才管理体系的代表性项目。此外，戴尔的最高管理层必须定期审查核心人才的培养进程和轮岗情况、亲身传授指导计划课程，并持续跟踪企业内部管理人才通道的建设情况，来保证核心人才的培养和建设。

任正非在一次《自强不息，荣辱与共，促进管理的进步》的演讲中这样讲道：

公司 1997 年管理力度最大的是对人的管理，它的重担落在了全体干部的身上。人力资源委员会要充分调动各级行政部门的力量，深化考核评价体系。我们要用两三年时间理顺公司的内部关系，建立起科学合理、充满力量的内部动力机制。要培养造就一大批高中级干部，形成华为的核心力量。公司将在人力资源管理部建立荣誉部，在人力资源委员会建立纪律检查领导小组。让一批最有培养前途的干部和现职主管参加纪律检查，这是对高中级干部是否敢于坚持原则、敢于管理进行检验的一块试金石。要加强公司的廉政建设，这是攸关公司生死的问题，要坚决提倡廉洁奉公的作风，要加强管理干部的年度审计。

干部和后备队的培养，成为华为全球化发展进程中的重中之重。如何打造一支真正职业化的铁军以支撑公司全球化发展，也就成为华为各级部门和管理者的共同的和首要的任务，也是华为赋予华为大学的重要使命。

华为公司业务正在进入一个新的以业务全球化为特征的高速发展时期，但干部队伍的数量和质量都严重不足，有大量管理岗位的空缺需要合格的后备干部去填补，后备队制度成为华为人力资源管理变革的一项重要内容。

华为的干部分为 3 种，30% 的第一种干部属于后备队，有机会到华为大学进行管理培训，培训优秀的人有可能在下一届得到实践机会；最后面 20% 的干部属于后进干部，后进干部是优先裁员的对象，所以他们就拼命往中间挤，促使中间的队伍拼命地往前跑。于是形成了一个良好循环，只要是进步，想成为优秀的华为人，就必须努力、努力、再努力，争取进入后备队，然后才有机会成为正式的华为人。这一过程充满了残酷的竞争，但是也正因为这样，它成功地锻造着一个个充满攻击性的具有华为特征的人才。

2005 年，华为战略决策全面推动干部和后备队建设工作。

用好后备干部资源池

满足大量的干部需求要以建立足够数量的分层分级的后备干部资源池为保证，建立后备干部资源池的本质是建立一套动态的、例行化运作的后备干部选拔、考察、培养、淘汰、使用的机制。他就像一只不停摆动的筛子，人们在这里要么进步要么被淘汰，没有第三个选择。

在华为，这是一个宽进严出的系统，可以通过各级管理团队推荐，也可以自荐，但必须通过对关键否决条件的审核才能进来。进来了，就将接受更多、更艰巨的任务与挑战，同时也受到比对其他人更为严格的考察与约束，这个过程就是培养。

这也是一个开放的系统，这一轮被淘汰的人，改进后还有可能再进来，但进来了就随时有可能被再次淘汰。因此这是一个熔炉而不是保险柜，只有那些始终能够通过最严格考验的人，才能真正走上各级管理岗位，不进则退是这个系统最基本的出发点。

严酷的竞争形势要求华为干部队伍的所有成员都必须从思想上、行动上保持一种随时可以进入战斗的紧张状态，如果管理者侧重于对安逸和享受的追求，就必须退出管理岗位，不再承担管理责任。

培养工作精细化、系统化

华为对于后备干部队伍的管理工作做得很细，操作指导性很强。

华为在推行 IPD（集成产品开发方法）时，能得到成功，很大的功劳在于资源池的建立。华为技术优秀的人很多，但是普遍缺乏管理能力，跨部门的经理太缺乏，合格的项目经理人员很少。华为的任职资格主要从项目经理入手，通过对有经验的高层的访谈，借鉴国外的任职资格标准，比如 NVQ、波音公司技术协会、日本 IBM 等。华为制定了项目经理的素质模型，然后对后备干部进行评估，发现素质缺失，立即进行有针对性的培训。在实践中还要对他们进行行为评估，根据需求开发课程培训。

另外，不同于国内一些企业，华为培养干部的做法十分精细：

1. 通过专人辅导，解决在课程学习中学不到的知识。比如总裁秘书，有些高级人才就采取任命为总裁秘书的办法，加速其成长。

2. 到关键岗位上锻炼。比如，华为设计了很多副职，根据管理学家彼得·德鲁克的观点，设计副职是不科学的，会造成职责混乱。但是华为设立的副职，对培养人才起了很大的作用。任正非的观点是：流失任何一个人，都不会影响公司的绩效，这就需要建立资源池，走了任何一个人，都能有人马上顶上去。

3. 岗位轮换。把研发管理人员派到市场一线锻炼，以提高其对市场的认识。

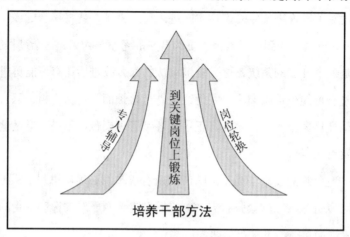

培养干部方法

2006年1月，深圳总部华为大学迎来了首批干部后备队员，一共19名，是来自华为研发、销服一线的有优秀业绩贡献的骨干员工和基层管理者。在经历了为期半年多紧张培训和培养，完成了课堂学习、实践锻炼和论文答辩各个培养环节后，9月4日～5日，这19名队员迎来了他们的结业答辩，为期两天的结业活动包含学员论文答辩及综合评议、与公司领导座谈和结业典礼三个部分。学员论文答辩及综合评议由后备队员所在体系或部门管理团队成员、干部部部长、党委领导、人力资源部领导、华为大学学员鉴定中心成员及与后备队员直接对应的业务体系的优秀四级管理者组成。经过严格评议，首期19名三级干部后备队员均顺利通过，并在结业典礼上获得了华为三级干部后备队培训结业证书。

华为为这些顺利结业的干部后备队员开展了结业典礼，任正非在会上发表讲话，他强调：

选拔你们只能说在一个阶段中肯定了你们的成绩，但你们并不是进了保险柜，淘汰在你们中间将更加严格。只有努力去学习，特别是学习干部的标准。要奋斗，要前进，才不会被淘汰。

任正非亲自在干部后备队结业证书上写道："只有有牺牲精神的人，才有可能最终成长为将军；只有长期坚持自我批判的人，才会有广阔的胸怀。"

干部后备队培养的目的在于产生一批能够理解、执行、传播华为核心价值观和文化，并且具备符合公司战略发展所需的领导力素质和技能的干部队伍，以支撑公司业务快速增长和国际化过程中干部队伍建设所面临的巨大挑战和压力。显然，华为在这点上做到了。

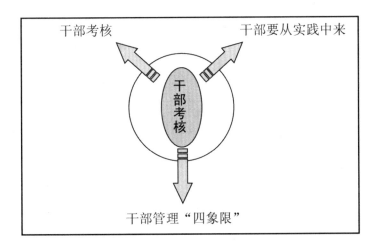

我们既重视有社会责任感的人，也支持有个人成就感的人。什么叫社会责任感？什么叫个人成就感？"先天下之忧而忧，后天下之乐而乐"，这是政治家的社会责任感，我们所讲的社会责任感是狭义的，是指对我们企业目标的实现有强烈的使命感和责任感，以实现公司目标为中心、为导向，去向周边提供更多更好的服务。还有许多人有强烈的个人成就感，我们也支持。我们既要把社会责任感强烈的人培养成领袖，又要把个人成就感强烈的人培养成英雄，没有英雄，企业就没有活力，没有希望，所以我们既需要领袖，也需要英雄。但我们不能让英雄没有经过社会责任感的改造就进入公司高层，因为他们一进入高层，将很可能导致公司内部矛盾和分裂。因此，领导者的责任就是要使自己的部下成为英雄，而自己成为领袖。

 # 第五节　坚持干部考核

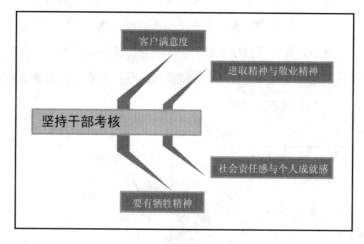

企业高管是一个特殊的人群，特殊在于其工作的非常规、不确定而又异常重要。对任何企业而言，高管层都是极其特殊和重要的。由于高管能够控制和影响公司业绩，甚至能够通过影响公司报表来制造业绩，因此没有适当的评价和考核体系仅对高管进行激励对公司的危害将更大。

首先要将企业的绩效考核与高管人员的绩效考核区分开来。建立高管人员绩效考核指标体系，这套指标体系里包括对企业绩效的评价，但只是作为高管人员工作考核的一部分，还要包括高管人员个人能力素质的考核、考虑宏观环境的影响等等，全面考核高管人员的业绩。目前虽然已有人做这项工作，但还不完善。

其次，对高管人员绩效考核指标要有所选取。对企业绩效考核的指标已经研究得比较多，对指标的选取有一定的认同，同时还有很多新的指标在出现，比如EVA、托宾Q等。应用统计学等方法寻找合理的高管人员绩效考核指标也是当务之急。

再次，评价方法上要改进。为了克服人的主观判断出现的差错，现在的评价体系非常注重定量的评价，期望所有方面都能通过给定的指标赋值来得到客观的评价。

从 2007 年开始，针对空降管理人员增多的情况，阿里巴巴在考核方面做了一个重大调整——价值观考核，考核人员上至副总裁。2007 年以前，这种考核方式只限于总监以下级别，但从 2007 年开始，包括总监、副总裁在内的全体员工都需要进行这个考核。除此之外，2009 年后，阿里巴巴并没有对子公司总裁有任何形式的具体考核，而是以"满意"或者"不满意"来考核子公司总裁。阿里巴巴总裁马云认为，像淘宝的总裁，那么大一个公司的负责人，如果再用平衡积分表去考核是愚蠢的。他其实已经算是一个领导人，更多的要考核他的领导力还有他个人的特质，他怎么样做好这个平衡。他自己要去想他的漏洞在哪里，他在战略上的取舍到底是什么。他要学会做这样的判断。

在 SOHO 中国公司，对高管的考核标准，SOHO 中国联席主席潘石屹这样说道："高层要跟公司的经营、赢利挂钩，基层与销售额挂钩，而且所有的销售总监、副总监和销售员，发的工资和提成是按照星期发。这个星期成交了，就拿着钱走，如果不成交就没有钱，这是一个激励。"

在潘石屹之下，是由目前 7 个人根据每个人特长组成的一个操作层，有的负责销售，有的负责财务，有的负责工程。每个职位有明确的工作要求和考核标准。

对于管理层，SOHO 中国，不叫末位淘汰，用的是评分制。

SOHO 中国常务总裁闫岩在接受媒体采访时说道："评分 A 是优秀部门经理，评分 B 是老板不满意的，评分 C 是要离开公司的。如果是 C 的话，基本上就已经证实不能胜任工作了。这样就换掉了。我们公司没有一个职位是长期固定的。"

SOHO 中国副总裁许洋说："如何了解每个经理有什么技能呢？要对其硬性和软性技能进行评估：就硬性技能而言，包括知识的掌握和能力的运用，专业名词叫做程序化和专业技能。例如，销售人员的硬性技能就是掌握公司的产品知识，了解公司的政策和服务程序、规章制度，会使用专业的销售工具，英语听、说、读写流利……这些因素都跟职位需求有关，是从事这个职位所必备的技能。"

2005 年，华为对干部的考核制度进行了一些变革。华为总裁任正非在其讲话《华为公司的核心价值观》中这样说道：

对于干部关键事件过程行为的评价，我们都有评定的依据，不同层面的主管会去看他哪些关键事件以及在关键事件里面的过程行为怎么样，高层主管和基层主管会看你哪些关键事件或者有意让你在一些关键事件中去锻炼，在锻炼的过程中再对你体现出来的行为进行评价，然后得出绩效考察的结果和关键事件过程行为评价的结果，它和干部的薪酬是直接挂钩的。

中高层管理者年底目标完成率低于 80% 的，正职要降为副职或给予免职；年度各级主管 PBC 完成差的最后 10% 要降职或者调整，不能提拔副职为正职；业绩不好的团队原则上不能提拔干部；对犯过重大过失的管理者就地免职；被处分的干部一年内不得提拔，更不能跨部门提拔；关键事件过程评价不合格的干部也不得提拔。这是人力资源管理的一些变革，形成我们整个人力资源管理的体系和干部培养和选拔的体系，使得我们做任何事情都有章可依，有法可寻。

2005年，华为人力资源管理的一些变革

▌ 中高层管理者年底目标完成率低于80%的，正职要降为副职或给予免职

▌ 年度各级主管PBC完成差的最后10%要降职或者调整，不能提拔副职为正职

▌ 业绩不好的团队原则上不能提拔干部；对犯过重大过失的管理者就地免职

▌ 被处分的干部一年内不得提拔，更不能跨部门提拔

▌ 关键事件过程评价不合格的干部也不得提拔

考核是考核不走优秀干部的，不坚持考核是以公司结束为代价的。

客户满意度

同时，客户满意度是华为从总裁到各级干部的重要考核指标，客户需求导向和为客户服务蕴含在干部、员工招聘、选拔、培训教育和考核评价的整个过程，以此来强化对服务贡献的关注，并固化到干部、员工选拔培养的素质模型，固化到招聘面试的模板中。

进取精神与敬业精神

据《北京青年报》记者王博的记载，"一项针对40家全球性企业的调查发现，员工对工作的敬业度和公司业绩有着联系，该结果令人注目。此项调查对公司的业绩和员工工作的敬业度数据进行了回归分析，结果发现，员工敬业度最高的企业，总体营业收入及每股盈利按年分别上升了19%及28%，而员工敬业度最低的企业，其总体营业收入及每股盈利按年分别下降33%及11%。另一项历时三年的相关研究显示，员工敬业度最高的企业营运利润增加了3.7%，而员工敬业度最低的企业则下降了2%。"

任正非在题为《华为的红旗到底能打多久》的演讲中谈到：

强调员工的敬业精神，选拔和培养全心全意、高度投入工作的员工，实行正向激励推动。不忌讳公司所处的不利因素，激发员工拼命努力的热情。

知识、管理、奋斗精神是华为创造财富的重要资源。我们在评价干部时，常常用的一句话是：此人肯投入，工作卖力，有培养前途。只有全心全意投入工作的员工，才能被造就成优良的干部。我们常常把这些人，放到最艰苦的地方、最困难的地方，甚至对公司最不利的地方，让他们快快成熟起来。

任正非曾在文章中指出华为公司在选拔企业管理者时，首要的是进取精神与敬业精神。他认为：

合格的管理者需要具备强烈的进取精神与敬业精神，没有干劲的人是没有资格进入领导层的。这里不仅仅是指个人的进取精神，而是自己所领导群体的进取与敬业精神。

社会责任感与个人成就感

2007年8月23日，美国《商业周刊》一篇名为《有必要向中国灌输社会责任感》的文章写道："真正的问题是：有必要向中国不断壮大的工厂主和经理人群体灌输这样一个基本观念，即维持一个企业的唯一办法是确保它们养成社会责任感。实际上，这是中国企业持续发展的唯一办法。"任正非也从来不对华为的经济目的遮遮掩掩，但是，任正非也强调华为必须服务社会，为社会作出贡献。

任正非在其题为《全心全意对产品负责全心全意为客户服务》的演讲中谈道：

> 我们既重视有社会责任感的人，也支持有个人成就感的人。什么叫社会责任感？什么叫个人成就感？"先天下之忧而忧，后天下之乐而乐"，这是政治家的社会责任感，我们所讲的社会责任感是狭义的，是指对我们企业目标的实现有强烈的使命感和责任感，以实现公司目标为中心、为导向，去向周边提供更多更好的服务。还有许多人有强烈的个人成就感，我们也支持。我们既要把社会责任感强烈的人培养成领袖，又要把个人成就感强烈的人培养成英雄，没有英雄，企业就没有活力，没有希望，所以我们既需要领袖，也需要英雄。但我们不能让英雄没有经过社会责任感的改造就进入公司高层，因为他们一进入高层，将很可能导致公司内部矛盾和分裂。因此，领导者的责任就是要使自己的部下成为英雄，而自己成为领袖。

少年时在艰苦环境下读书的经历，令成人后的任正非刻骨铭心，1998 年，寒门出身的任正非一次性拿出 2500 万元，在各主要高校设立了"寒门学子奖学金"，资助家境不好、学习上进的大学生。后来拗不过当时国家教委的坚持，改称为"寒窗学子奖学金"。

要有牺牲精神

华为总裁任正非在干部后备队结业证书上的题词是这样的：

> 只有有牺牲精神的人，才有可能最终成长为将军；只有长期坚持自我批判的人，才会有广阔的胸怀。

如今华为的员工更多的是"80 后"的新青年，他们比起自己的前辈，更讲究个性张扬，更注重以自我为重心，这自然与华为的"艰苦奋斗"精神多少有些格格不入。这也是华为人力资源管理在近几年遇到的比较棘手的问题。

但是，一切的争议和埋怨到了任正非这里，都无从立足。早在1998年，他就在《我们向美国人民学习什么》中强调了忘我献身精神对于华为的重要性。

多年来我接触过相当多的美国科技人员，由于一种机制的推动，非常多的人都十分敬业，苦苦地追求着成功，这是一种普遍的现象，而非个例。比尔·盖茨初期没有电视机，而是由他父亲帮他看新闻而后告诉他，有些人不理解，因此也不会理解中国的许多科技工作者在那么低的收入中的忘我奋斗与牺牲精神。理解不了两弹一星是怎么做出来的，理解不了袁隆平为什么还那么农民。大庆铁人王启明不就是这么苦苦探索二三十年，研究分层注水、压裂，使大庆稳产高产成为世界奇迹的吗？

任正非还举了很多这样的例子。

例如：在举世闻名的美国IBM公司，具有忘我和牺牲精神的管理者为公司做出了不可估量的贡献。他们中间有一位被称为"棒子杰克"的，其真名为伯特伦，但因为出名的严厉，反而使人们淡忘了他的真名。在IBM，凡是很自负的员工（包括很多高手），都会被派到"棒子杰克"的部门去工作。由伯特伦来考验他们，这是过关的必经之路，由此也使许多人对他怀恨在心。伯特伦每天只睡三四个小时，有时会半夜三点起床到他管辖的某个工厂去逛逛。看看有什么问题，任何人的汇报都欺瞒不了他。他的工作方法曾经妨碍过他的晋升，但最终他获得了人们由衷的尊敬。

伯特伦在56岁时，卧病在床。他清楚自己来日不多了，但是他仍然继续工作。当伯特伦的上司屈勒去医院看望他时，他正靠人工器官呼吸维持生命，但令人吃惊的是，伯特伦临死也不忘IBM的改革，他在这时还向上司推荐主持工作站工作的人选。

再例如：伯兰是IBM企业联盟构想的提出者，"企业联盟"后来成长为几百人的部门。企业联盟就是IBM在向客户销售硬件之前，先派一批程序员去与客户沟通，了解客户的需求，然后再按客户的要求在 30 ~ 90 天内做出一些客户需要的软件。这给客户留下了很深刻的印象，也使得客户在购买机器时，首先想到的肯定是 IBM。

伯兰在 50 岁时因为患脑癌而住进医院，虽然经过手术，但由于癌细胞已扩散，医生也没能挽救他的生命。伯兰躺在病床上，他在病房安装了一台电脑，每天花好几个小时追踪他的计划进度，发出几十封到几百封电子邮件。临死前，他还说了一句"我动弹不得，就像 IBM 一样"。彼时，IBM 正由于机构臃肿重叠，冗员繁多而导致了它市场反应缓慢，渐露败相。直到后来郭士纳的到来，完成了对 IBM 的大手术，使它重获新生。

任正非无疑是带着无比崇敬的心情，来描述这些拥有忘我奋斗与牺牲精神的人们。他说道：

如果以狭隘的金钱观来认识资本主义世界的一些奋斗者，就理解不了比尔·盖茨每天还工作十四五个小时的不间歇的努力。不带有成见去认识竞争对手，认真向他们学习好的东西，才有希望追赶上他们。

任正非曾对员工说：

为了这公司，你看我这身体，什么糖尿病、高血压、颈椎病都有了，你们身体这么好，还不好好干？

在《我的父亲母亲》和《华为的冬天》中，任正非也非常清晰地说明了华为"对普通员工不做献身精神要求""只对高级干部严格要求"，与柳传志"基层员工要有责任心，中层员工要有上进心，高层员工要有事业心"异曲同工。

第六节 干部管理"四象限"

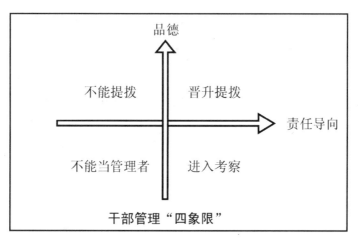

干部管理"四象限"

过去华为对干部的应用实际上一直在摇摆，一会儿重品德，一会儿重高效，选拔晋升没有稳定下来。平时看做事效率，一旦出了事，可能又去强调品德了。如今，华为提出了干部管理"四象限"，这体现出华为的干部政策已经稳定了，有模式了。

华为董事长孙亚芳在干部工作会议闭幕时讲道："我们的任职资格考核，以及关键事件过程行为的评论，要聚集在那些提拔的干部身上，他们应比别人多一些考核机会。我们希望提拔一些什么人呢？我们明确责任结果不好、品德不好的，不提拔。责任结果好，可以进入考察。我们早就明确华为公司各级接班人的标准只有两条，一是认同华为的核心价值观；二是有自我批判精神。我们要提拔那些品德好、责任结果好、有领袖风范的干部，担任各级一把手；我们要清退那些责任结果不好的，业务素质也不高的干部；我们注意也不能选拔好些业务素质非常好，但责任结果不好的，担任管理干部。他们上台，有可能造成一种部门的虚假繁荣，浪费公司的许多机会和资源，也带不出一个有战斗力的团队。他们要下去做具体的工作，通过做具体工作，将自己的业务素质转化为能力和实现责任结果。

公司最难判断的是责任结果非常好，但没有领袖风范的人（即高的素质与团结感召力，清醒的目标方向，以及实现目标的管理节奏）。这些人可能是华为的英雄模范人物，他们要转为管理者，我们要从两个方向来解决。本人应多学习，多与周边同事交流，丰富自己对案例的分析、归纳能力。不满足自己的现状，严格要求自己。实在不能提高自己素质的，要心态平和地接受一般性工作岗位，和比自己年轻的领导很好共事。同时，公司也尽可能多一些对这些干部的培训，使他们掌握一个自我学习的方法。领袖是自己悟出来，在实践中磨炼出来的，培训是培训不出来的。因此，自我改造是最重要的方法。俗话讲个人的前途命运是掌握在自己手里的。您最大的敌人就是您自己，说的也就是这个意思。这就是人才的四象限图。"

《华为公司基本法》的起草人之一吴春波在接受媒体采访时说道："责任结果好，品德也好，这种人就应该晋升提拔，但在这儿任正非又加了一条，还必须有领袖风范。什么是领袖风范？第一是管理节奏，懂得把握度。第二是前瞻性，必须看得远，这不是任何人都有的。任正非经常引用战争论的一句话，战争打得一塌糊涂的时候，领袖的作用是登高一望，为迷惘的士兵指出前进的方向。"

对于第四种人——责任结果好但品德不好的人，在国内实际上是最大的问题，现在国内企业对责任结果好的干部都在提拔，就因为能打粮食；但是在 GE，韦尔奇说这个象限的人要用显微镜查找，然后清除出去。华为要培养这种人的品德，但肯定不会提拔他。任正非曾在一次讲话中谈到：

各级领导干部不但要学会做人，也要学会做事，踏踏实实地做事，认认真真地做事。那种只说不做，或只会做表面文章的人，只会进行原则管理、从不贴近事件的人，不能得到提拔和重用。

任正非在其文章《不做昙花一现的英雄》中写道：

在华为当干部要理解为一种责任，一种牺牲了个人欢愉的选择，一种要做出更多奉献的人。每一个干部都要有远大的目光、开阔的胸怀，要在思想上艰苦奋斗，永不享受特权，与全体员工同甘共苦。我们考核干部要看他担当的社会责任（狭义），是否有利于公司的整体利益，是否促进部门的管理进步。做华为的干部就不能满足于个人成就欲，任何未经社会责任改造的人，不能成为高中级干部。

任正非在其演讲稿《不要忘记英雄》中这样分析道：

人的才华的外部培养相对而言是比较快的，人的德的内部修炼则是十分艰难的，他们是我们事业的宝贵财富、中坚力量，各级干部要多培养、帮助他们，提供更多的机会。我们这个大发展的时候，多么缺乏一群像他们那样久经考验的干部。

专题 1

华为选拔管理者的六大原则

公司发展需要大量的管理者，优秀管理者有三个衡量的标准：一、具有敬业精神，对工作是否认真，改进了，还能改进吗？还能再改进吗？二、具有献身精神，不能斤斤计较。三、具有责任心和使命感，这将决定管理者是否能完全接受企业的文化，担负起企业发展的重担。

企业在选拔管理者的过程中要坚持以下几个原则：

第一，管理者要具备踏实的办事能力、强烈的服务意识与社会责任感，能够不断提高自身的驾驭与管理能力。

华为要求每个管理者都能够亲自动手做具体的事，那些找不到事做又不知如何下手的管理者，就会面临被精简的命运，我们会将没有实践经验的干部调整到科以下的岗位去。在基层没有做好工作的，没有敬业精神的，是得不到提拔的，任何虚报数字、作风浮夸的干部都会被降职、降薪。

在华为，我们要求中高层管理者要具备自我提高的能力，能够很快地适应社会、企业的发展要求。同时，管理者必须充分理解企业的核心价值观，具有自我批判的能力。要关心部下，善于倾听不同的意见，能够和持不同意见的人交朋友，分析这些人的问题，给他们帮助。对管理者而言，做员工真诚的朋友很重要，这样，员工就能和你说知心话，可以弥补管理者在工作中的缺陷。

第二，管理者要具备领导的艺术和良好的工作作风。在华为，我们强调批评与自我批评的工作作风，从高层一直传递到最基层。在公司内部允许员工对自己的上级，对自己的部下进行批评，否则人人都顾及影响，都做"好人"，企业管理的进步就无从说起。

第三，要站在公司的立场上综合地选拔管理者，而不能站在小团体、小帮派的立场上选拔。区别一个人是否具有成为合格管理者的潜质，主要看这个人的基础、素质以及能力，不能论资排辈。同时，要允许持不同意见的人存在。华为实行的是干部对事负责制，而不是对人负责制。对人负责制会滋生一些不良风气，会出现使很多人说假话、封官许愿、袒护问题、以人划线等一系列的毛病。华为对管理者有几条纪律：管理者只能以个人名义表达自己的意见，不允许使用联合签名的方式。管理者个人对问题的看法，只能用电子邮件的方式发给专用邮箱反映，而不允许未经批准擅自把电子邮件发上公告栏。当公司认为意见可以公开时，才可以公开发表。不管是正面意见还是负面意见，未经批准，在华为都是错误的。

第四，管理者必须具有培养超越自己的接班人的意识，具有承受变革的素质，这是企业源源不断发展的动力。

企业变革的阻力一般都来自管理层，管理者要以正确的心态面对变革。变革从利益分配的旧平衡逐步走向新的利益分配平衡，这种平衡的循环过程，促使企业核心竞争力提升与效益增长。在这个过程中，管理者的利益可能会受到一些损害，大方丈可能会变成小方丈，原来的庙可能会被拆除。这时，管理者要从企业发展的角度出发，用正确的心态对待。就像华为，正处在一个组织变革的时期，许多高中级干部的职务都会相对发生变动。公司会听取管理层的倾诉，但也要求服从，否则变革无法进行。等变革进入正常秩序，公司才有可能按照干部的意愿及工作岗位的需要，接受他们的调整愿望。

第五，企业对候选的管理者要进行深入的了解与沟通。华为就要求管理者的个人履历加强透明度，他也可以选择放弃对公司的透明度，这样，公司也会放弃选择他做干部的权利。对管理者个人状况的了解有助于解决管理层的腐化问题。华为还有一个选拔管理者的原则：凡是没有基层管理经验，没有当过工人的，没有当过基层秘书和普通业务员的，一律不能提拔为管理层，哪怕是博士也不行。学历再高，如果没有实践经历，也不可能成为一个合格的管理者。

（本文摘编自《华为选拔管理者的六大原则》，来源：《牛津管理评论》，2007 年
3 月）

专题 2

只有 CEO 能做的事

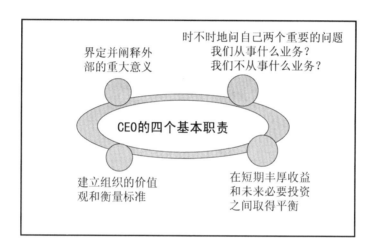

CEO 的专属工作——别无选择、义不容辞的工作是什么？渐渐地，我明白了德鲁克所说的"企业内部与外部的联结"所蕴含的意义。他是说只有 CEO 才能站在企业的高度感受到外部的意义。因而他有义务去了解外部，并对此加以诠释、表述和宣扬；只有这样，企业内部才会做出积极回应，保障销售收入、利润和股东总回报（Total Shareholder Return，TSR）的可持续增长。

这一工作唯 CEO 可为，因为组织中其他人所关注的范围都要比 CEO 狭窄得多，且通常只关注一个方向——除了销售人员关注外部，其他人几乎都是关注内部。做到内外兼顾很难，而只关注一个方向则要容易得多。CEO 能够看到别人看不到的机遇，而且作为公司里唯一没有上司可以依靠的人，他必须做出其他人无法做出的判断和艰难抉择。此外，他也是唯一对公司业绩和结果承担全责的人。CEO 的所为不仅要与组织自身的目标相符，而且还要与各类外部利益相关者的要求和标准相符，而这些相关者之间往往存在利益冲突。

然而，这是 CEO 义不容辞的职责，因为若没有外部，内部就无从谈起。CEO 的职责和本分是要促进组织的可持续增长，而只关注内部的做法是增长的大忌。既然 CEO 的角色是联结组织的内部与外部，那么他的实际工作是哪些呢？根据德鲁克的观点，我总结出了 CEO 的四个基本职责：

1. 界定并阐释外部的重大意义。

2. 时不时地问自己两个重要的问题——我们从事什么业务？我们不从事什么业务？

3. 在短期丰厚收益和未来必要投资之间取得平衡。

4. 建立组织的价值观和衡量标准。

我这样的总结有个优点，那就是既简单又清晰。但是，这种简单也会给人以错觉——因为这些工作真正做起来相当费力，远远没有旁人想的那么轻松。其中的挑战就是要避免陷入那些非 CEO 专属的工作中而无法自拔。

界定外部的意义

在某种程度上，公司连年的成功和令人迷乱的网络热潮让大家忘记了我们的业务何以能长久不衰，员工们开始沉溺于内部的利益。因此，我需要为大家界定与我们相关的外部世界，因为最有意义的结果是产生于外部的。哪些外部利益相关者是至关重要的？哪些结果是最重要的？这些问题唯有 CEO 能解答，因为其他人都是从自己的立场来看待各种利益相关者的重要性，而 CEO 既对组织有明晰的全局观，又对外部负有责任。

此外，我们还加强了与分析师及投资者的关系。在这一方面，我们的做法是努力了解他们的需要和欲求，并尽可能简单明了地向他们解释宝洁的长期目标和战略。这些利益相关者应该也是宝洁的消费者，并且常常会对宝洁各个品牌下的创新活动产生个人兴趣。自 2000 年以来，宝洁股票的市场股东总回报水平一直优于标准普尔500指数和道琼斯指数的股东总回报水平，而且同期的内生性销售收入、稀释后每股收益（diluted earnings-per-share）和自由现金流（free cash flow）平均来说都超过了长期目标。

那么，公司又是如何看待员工这一利益相关者的呢？我们认为，宝洁的员工是公司最重要、最有价值的资产。没有他们，就没有宝洁的品牌，也就没有宝洁的创新和宝洁的各种伙伴关系。但是，若把员工的利益置于其他外部利益相关者之上——尤其是消费者利益之上，那么就会导致大家过于注重内部，而这可以说是一种短视的做法。在公司目标的鼓舞下，宝洁员工对如何能亲自接触消费者并改善他们的生活很感兴趣。

对外部有了清晰的认识之后，我们接下来必须界定哪些结果对我们而言最有意义。和其他所有营利性组织一样，宝洁公司设有以财务指标为主的公司总目标。但是，在事业部、产品类别、品牌、区域和客户等层面上（公司99%的员工都在这些领域工作，而且也是从这里产生了关键的日常业务决策），我们的衡量指标则更注重以顾客为中心。我们是否在商场里的第一个关键时刻赢得了顾客？我们是否在消费者使用宝洁品牌和产品的第二个关键时刻赢得了顾客？我们的理想是，消费者不仅会尝试宝洁的产品，而且会一辈子用宝洁的产品。较高的消费者尝试比率和较高的忠诚度正是驱动宝洁商业模式运转的两大因素。

我们努力阐明外部的重大意义，并获得了相当的回报。2000年，在当时60亿的全球消费者中，使用过一种或几种宝洁产品的人数为20亿；到2009年，全球消费者增长到67亿，而使用我们产品的人数达到30亿。接触更多的消费者、帮助更多的消费者改善生活，这原本就是宝洁公司作为一个组织机构的总体目标。

"以外部利益相关者为重"的阐述与宣传还在持续进行的过程中。内部和外部利益相关者很多，他们都有重要的需求，任何一方都不容忽视。但是，一旦出现冲突，我肯定会先考虑消费者的利益。

决定你所从事的业务

CEO的第二大职责是确定你能在哪个领域获胜。德鲁克曾说："唯CEO能做的另一个重要工作就是决定我们从事的是什么业务。我们应当从事什么业务？我们不从事哪些业务？我们不该从事哪些业务？"

决定"我们不该从事什么业务"是一项持久性的工作，需要我们不断地"剪枝"和"清理杂草"。处置资产可不像收购公司那么激动人心，但两者却同等重要。"我们的外部是什么？""我们的业务是什么？"德鲁克说"这两大决策应该成为CEO完成自己职责中其他一切事其他一切决策的基础"。

只有CEO才能将组织内部和外部连接起来，在这一过程中，他们需要担负四大职责。

平衡现在与未来

德鲁克曾提醒我们，企业需要不断解决经营中时有分歧的短期目标与长期目标之间的平衡问题。人类自从开始经商活动以来，就一直面临这一挑战。德鲁克说："公司既要从当前的经营活动中获得收益，又要对充满诸多不确定性及不可知因素的未来进行投资，CEO必须决定如何在两者之间取得平衡……这一行为与其说是根据'事实'进行决策，不如说是一种判断。"

对于德鲁克的这一观点，我冒昧地加以了扩展：我们必须从当前的业务中获取适当的收益，以投资未来。这种平衡唯有CEO才能把握，因为唯有CEO才同时面对整个外部世界和内部利益，并对企业的长期发展负责。

在当前产生的收益和高度不确定的未来投资之间寻求最佳平衡，是CEO所做的风险最大的一种决策。它是一种既讲究科学又讲究艺术的决策。人们永远都倾向于关心眼前，因为大多数利益相关者的利益都是短期的；很少有人会去特别关心一家公司一两年后的业绩如何。在金融危机和全球经济萧条期间，CEO的压力更大，他们不得不把注意力放在公司本季、本月乃至本周的业务情况上。在这种压力下，他们会大量削减投资项目和研发创新工作，而这势必会导致中长期投资的大幅下降。

第一次担任CEO的人大都没有从长远角度来平衡取舍的经验。这是因为他们过去往往只对不超过几个月的短期结果负责。他们不会为自己的职业生涯押上10年或者更长时间的"赌注"，而且他们尚未练就为企业长期增长进行投资的直觉。从长远角度进行平衡取舍的能力一般都是在CEO的岗位上培养起来的。根据我的实际经验，要想达到这一平衡，需要做到以下关键几点：

第一，确定切合实际的增长目标。在宝洁公司，我们已经习惯于将内部设定的张力目标当做对外部承诺的目标。然而，一个公司一旦开始追求不切实际的增长目标，就很少能培养出为长期增长而投资的能力和灵活性。为了完成当期的目标，公司会采取寅吃卯粮的做法，例如，设法把计划中下一季度完成的销售额在本季度完成了。这样做的结果就是减少了用于进行未来投资的资源，投资的自由度也降低了。

在为宝洁设立长期目标之前，我首先要决定什么样的短期目标是"足够好"的。刚担任宝洁的CEO不久，我就宣布了公司要降低业绩目标，结果我们的股价反而上涨了8%，这是因为，投资者认识到更低的目标是切合实际的，而且这一决策也符合公司的长远利益。尽管我们最后总是超过了预期目标，我们仍然会顶住压力，避免将目标提高到不切合实际的水平。

第二，设立一个灵活的预算编制流程。我们根据短期目标和具有可持续性的长期目标来进行滚动预算，以销售收入、利润增长率和营业性股东总回报为基础，为我们业务组合中的各项业务分配明确"角色"。换言之，我们并非同等对待所有的业务。但是，某个增长较慢的业务未必比增长较快的业务价值低。只要各项业务都完成了各自的任务，我们就能够实现公司的总目标。对于创新项目，我们设立了能够起到互为补充作用的短期、中期和长期工作重点，规划期则定为3～5年和10～15年两种时间跨度。

在编制预算时，最重要的是我们管理各项业务的节奏。我们的做法是一边实现短期目标，一边投资和规划中期目标，一边还要为长期目标而进行大胆的试验。例如，在过去的 20 年间，我们致力于开发一种浓缩洗涤剂，这一方面让我们得以实现经常进行重要创新的目标，一方面也为消费者减少了不必要的包装，并保护了环境。当然，这些大胆的试验未必都有成效。比如，虽然我们的浓缩洗涤液大获成功，可我们同期投入巨资开发的块状洗衣剂却并未获得预期的成功。我们开发的这种洗涤剂具有简化洗衣流程的作用，但并不被消费者接受。后来我们认识到其中的原因：消费者在洗衣服时，希望按照每次所洗衣物的种类、数量以及污渍程度来更好地掌握洗涤剂的用量。如果这些针对长期而开发的新产品具有经济上的可行性，那么它们就会变成中期的工作重点，然后我们再努力将其变成短期可以实现的结果。这样的过程循环往复，我们年年都是如此。

第三，以战略性眼光配置人力资源。如何为现在和未来选拔并培养优秀的人才？德鲁克说："高效的 CEO 会确保在给有能力的人员指派工作时，不仅仅是派他们去解决问题的岗位，也要派他们去拥有机遇的岗位，同时还要确保这样的安排能够充分发挥个人的优势。"

以战略性眼光来配置人力资源是 CEO 的主要职责之一，因为这一工作不仅要立足于我们现已了解的情况，还要着眼于那些目前可能尚不存在的业务——经营这些业务，需要什么样的领导技能和经验。要想为企业的未来培养人才，CEO 除了亲力亲为之外别无选择。我认识宝洁最优秀的前 500 名员工，并亲自参与其中 150 人的职业发展规划，他们都具有担任事业部总裁或部门领导的潜质。我至少每年审查一次给他们的工作分配计划，评估他们的优势和不足，并让他们在公司的董事会、午餐会和其他重大场合中出头露面。在我所做的 CEO 工作中，很少有什么工作能像这一项会对宝洁的长远未来产生持久的影响。

建立价值观和标准

价值观可以确立一个公司的身份，它与行为有关。如果一个公司的价值观不能帮助其业务向前发展，那它就只是一个漂亮的空壳，对公司的未来毫无意义。而标准则与期望有关，它们将指导我们的决策。并且，标准是价值观的"量尺"。德鲁克说：

"CEO 设立价值观、标准和组织的道德规范。而它们要么是将公司引上正路，要么是把公司引入歧途。"

CEO 的第四项也是最后一项职责就是在不断变化、激烈竞争的环境下阐释组织的价值观并界定组织的标准。这是我担任宝洁 CEO 的第一年间的首要任务，我是在为公司设定目标之后和制定战略之前的这段时间里完成的。在宝洁公司，大家都以目的为动力，以价值观为导向。我首先要找出什么是不可改变的——即公司的核心目标和价值观，这样更便于我带领组织进行一些较为激进的变革。我所面临的挑战是：既要理解并拥护长期以来指导宝洁公司的价值观——信任、诚信、主人翁精神、领导才能和积极求胜精神，又要从外部的角度出发对它们重新定位，并结合当前情况与未来发展加以诠释。

我认识到，经过时间的推移，宝洁公司价值观其实已经发生了潜移默化的改变——变得无形中把员工的需要凌驾于客户的需要之上了，导致公司将关注点放在了内部。今天，我们信守的是以外部为重的公司价值观。过去，"信任"代表的是员工相信公司会为他们提供终生的工作保障，现在则被重新定义为消费者对宝洁品牌的信任以及投资者对宝洁进行长期投资的信心。"积极求胜"过去常常表现为内部竞争，现在则被重新定义为对消费者信守承诺并赢取零售商。

界定了我们的价值观所处的外部环境，接下来就该根据外部情况来设定标准了。如果公司设定的标准不够明确，那么人们就会自行设定标准，这是人性使然。这类自定的标准往往都是内向型和渐进型的，如"今年比去年好"之类的。在重新设定标准时，有一个办法比这更有效，那就是问两个简单的问题——"我们是否赢得了消费者？""我们是否战胜了最强的对手？"不管是消费者，还是最强的对手，他们都不在组织内部，而是存在于外部。

为了加强公司的外向性转变，我们重新设定了一个新的业务绩效标准——即要求各项业务的营业性股东总回报要居于行业前三位。营业性股东总回报关注的是价值创造，其主要驱动因素是销售额的增长、利润率的提高和资产的效率。这一内部衡量指标与外部股票市场的股东总回报高度相关。宝洁提出将营业性股东总回报作为衡量指标已有好几个年头了，但并没有在公司内得到广泛运用。我们现在把它作为公司首要的绩效指标，与管理者的薪酬直接挂钩，以此树立起了"价值创造"的观念。此外，我们还将股东的观点纳入我们的重要业务决策中。

对于所有外部利益相关者中最重要的消费者，我们还界定了"赢得消费者"的标准，我们详细说明了在第一和第二关键时刻应该达到哪些要求才叫做"赢"。购买某宝洁品牌产品的家庭数量是否在增加？在曾经购买过某一宝洁产品的消费者中，成为回头客的百分比是多少？消费者是否认为某一宝洁品牌物有所值？消费者在心中是如何把宝洁品牌与其最强竞争对手的品牌相比较的？为了提高产品新举措的平均成功率，我们还对新举措设定了明确的标准，结果成功率提高了一倍。

CEO 所处的位置很独特，他必须保证公司设定的目的、价值观及标准与公司的现在、未来和所从事的业务相关联；在必要时他可以而且必须进行干预，以保证公司的目的和价值观自始至终以外部为重；他必须设立新的标准，以保证公司能赢得消费者并战胜最强的对手，从而保持竞争优势和增长。

在《21 世纪的管理挑战》这本书中，德鲁克写道：我们无法驾驭变革，我们只能走在变革的前面。我们现今所处的是一个动荡不安的年代，变革是常态。可以肯定，变革是痛苦和充满风险的；而最重要的是，变革要下很多苦功夫。但是，如果一个组织不将领导变革当成自己的任务……它就无法生存。

外部的变化不可避免，有时非常之快，且往往不可预料。但无论外部如何多变，我们都必须做好一件工作，即将外部与内部联结起来。CEO 是企业中唯一一个既能体察到内部又能体察到外部的人，这一工作永远不能缺少。

CEO 应该把大部分时间都投入到上述四大职责上。可是，对于许许多多甚至绝大部分的 CEO 而言，事实上他们并没有这样做。以我为例，我对内部需求的重视程度已超过了应有的尺度，我一直都在努力挣脱内部的"万有引力"。但我还是清楚地认识到，CEO 真正而且专属的工作就是要利用他所独有的外部视角，这一视角其他人无法企及——除非 CEO 通过日常的决策和行动，来让组织成员看清外部的世界。

（本文摘编自 2009 年 8 月，宝洁前首席执行官雷富礼在《华尔街日报》发表的文章《只有 CEO 能做的事》，王胤九译）

案例链接

联想：带队伍

早在 1997 年之前联想董事局主席柳传志就开始思考怎么带队伍。何为带队伍？"带队伍"是指塑造独具特色的企业文化，加强员工的凝聚力，形成爱岗敬业的氛围，培养领军人物，为未来发展奠定基础。联想的第三个管理要素是带队伍，表面上看来，带队伍应该是搭班子之后马上要做的事，而联想之所以把带队伍放在最后，并不是不重视带队伍，这就像提倡"贸、工，技"并不是不重视技术研发一样。

柳传志认为"带队伍"要做好 3 件事：一是如何充分调动员工的积极性；二是如何提高员工能力；三是如何使员工队伍有序、协调、效率高，这些就是组织、架构和规章制度要解决的事。柳传志说道："怎样让你的兵爱打仗；怎样让你的兵会打仗；怎样让你的兵组织有序，也就是有最好的队形，作战最有效率——是带好队伍的三个要点。

"我们的目标是建立一支坚强的斯巴达克方阵，具有严明的组织纪律、富有朝气的队伍；一支具有极强进取心和崇高的敬业精神的队伍；一支始终保持危机感和责任感的队伍；一支不为小胜而轻狂，不为失败而气馁的队伍；一支始终把个人的追求和事业的成就联系在一起的队伍；一支能够互相协调、配合，互相补充的队伍；一支敢于坦诚自己的观点，公开自己的意见，不断发现问题、解决问题，不断自我完善的队伍；一支具有独特的亲情联系的队伍。"

"好的企业就像是一支军队，令旗所到之处三军人人奋勇，进攻时个个争先，撤退时阵脚不乱。队伍的内容包括了企业在不同时期应该有什么样的组织结构，使得运作的效率最高；应该有什么样的企业文化，使员工和企业的目标能够一致，加强凝聚力；应该有什么样的管理模式，使得员工有令能行、有禁则止；应该有什么样的激励方式，使现代中国的青年知识分子发挥最大的创造力，能培养出优秀的领军人物。"

在柳传志的领导下，联想每次开一两百人以上的会议就必唱《联想之歌》。联想的新员工经常要集中到郊外的宾馆、学校、野地，接受创业元老的"创业史"教育，喊口号，做早操。柳传志说道："现在我讲，做企业、带队伍的第一条就是要让员工做事有积极性，受到激励，这和让战士爱打仗是一样的。因为这种氛围一旦造出来就非常厉害，对提高企业执行力有极大的帮助。"

熟悉联想的人可能会觉得柳传志带的队伍是两个方向的。柳传志究竟是要把当地的人才带成联想的管理方法呢，还是要把自己的人培养成为本地化人才呢。柳传志认为，这对联想集团来说确实是一个挑战。2009 年 2 月，柳传志复出之后，在接受 CBSI 中国总编刘克丽采访时表示："因为带队伍的要义是三件事，第一是怎么让你的兵爱打仗，让人们热爱自己的公司和工作。第二是怎么会打仗，就是不但热爱而且善于工作，包括团队和单兵怎么做。第三是作战有序。有什么样的组织架构、什么样的规章制度，让大家工作起来效率更高。在'爱打仗'过程中就涉及大家怎么被激励。这时候中国员工和国际员工是不同的，中国员工都是本着成就事业的感觉来工作的。国外的员工就不这样想。"

"在这种情况下，我们怎么样形成共同的文化。比如说把企业的利益放在第一位，跟国外的员工怎么提就是一系列的问题了。很显然到了国外以后，比如说像新兴市场印度、巴西等等，他们这些国家的政策、法规也是在变化中的，像我们一九八几年一样。这种情况下中国员工领导人家，你可以了解人家的变化，你了解这里水深水浅吗？肯定是不行的。这种情况下只能是（用）本地人，我们只能做顾问，把我们的想法跟他们说。怎么选择他们的人才是我们更重要的事情。但到了欧美市场以及其他比较规范的市场中，我们是做顾问、做司令这就要具体情况具体分析。这些情况都是在国内的联想里没有发生过的并出现的新的问题，就是要充实带队伍的内容。我觉得做活有意思的地方就是在这儿的。不停地有新的理念进来。"

　　关于队伍建设的周而复始论，柳传志还有一个著名的观点，那就是"撒上一层新土，踩实，再撒上一层新土"。"与全聚德烤鸭一样，北京有一家著名的酱肉店，从清朝开业直到今天，是北京为数不多的百年老店。这家酱肉店烹制的各类酱肉享誉京城，其中很重要的原因是店里用的酱肉汤汁从清朝起就传下来，已有百年的历史。每次烹制酱肉，师傅们都从缸里舀出些许老汤，然后又用等量的新汤对回缸里，舀出的老汤去烹制酱肉，对回的新汤又融入到那缸百年老汤里。周而复始，代代相传。我们带队伍的道理也是这样。"

第8章

员工健康管理

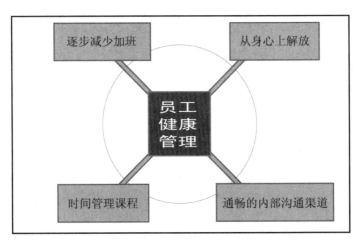

第一节　逐步减少加班

尽管《劳动法》并不鼓励员工加班，但是，如果企业确实因发展需要，并能给予员工较好的回报，适当的加班还是会受到员工认同的。微软公司的程序设计员为什么能以办公室为家，不分白天黑夜地工作为企业奉献，就是因为其创始人比尔·盖茨不仅给大家以优越的薪酬，还向他们赠送公司的股票、期权。

在中国，加班对于私营企业的员工来说，已经被看成是一件非常正常的事情。作为现代企业具有敬业精神的员工，他们往往更多表现出的是一种谅解和接受，占 65% 以上的人并不反对加班，即使没有加班费，当工作紧急、需要赶工的时候，加几天、甚至 1 个月的班都是可以的，完全是出于对企业的热爱。

华为自创立以来，就有加班的传统，因为当时在通信设备领域，华为没有任何基础，一切都是从零做起。为了能在最短的时间里把高端路由器这块硬骨头啃下来，任正非和技术部的员工们几乎几个月没有下楼，吃住全在办公室里。由于办公室空间有限，有员工就买来了一种垫子，累了可以铺开在上面睡一会，不用的时候就卷好放在办公桌底下，轻便简单。

正是这个睡觉用的简单垫子，演变成了华为日后的一大特色文化——垫子文化。在 2000 年以前的华为总部，除了市场人员，新入职的华为员工无一例外都会到华为食堂旁边的小卖部去买一个 1M 宽的泡沫垫子，用于熬夜加班过程中休息用。

对于不需要守在电脑边的市场人员来说，其实也一样需要加班，只是地点不同。虽然他们看上去西装革履，满面春风，每天陪客户吃喝玩乐，但是同样面临极大压力，工作辛苦，压力大，生活没有规律，影响家庭。非洲与深圳总部时差七八个小时，很多驻非洲的市场人员白天见客户，夜里给总部打电话汇报，一天睡三五个小时是常事。

1997 年 1 月 23 日，任正非在来自市场前线汇报会上的讲话中这样说道：

我们要从管理上要效益，从管理效益中改善待遇。我们不断推行严格、科学、有效的管理，要逐步减少加班，使员工的身体健康得到保障。有健康的身体，才有思想上的艰苦奋斗。

为了华为的生存与发展，第一代、第二代华为人不惜透支了身体，牺牲了健康。

在华为发展早期，垫子的确是当初加班、勤奋工作的衍生品，但是那是在2001年前后，从员工的身体健康及企业的发展定位考虑，华为已不再提倡加班制，并明确规定，普通员工加班需要申请，获得批准后才可以加班，并发放加班费。副总裁以上职位者加班没有加班费。确切地说，从那时起华为的垫子已经逐渐演变成人们中午睡觉的工具了。

在胡新宇事件发生之后，华为又一次引起了争议。2006年5月28日晚，中山大学附属第三医院，25岁的胡新宇因病毒性脑炎被诊断死亡。多天的抢救仍无法挽回胡新宇的年轻生命，他的全身多个器官在过去的一个月中不断衰竭，直至最后一刻。毕业于四川大学1997级无线电系二班的胡新宇，2002年考上成都电子科技大学继续攻读硕士，2005年毕业以后直接到深圳华为公司从事研发工作。在4月底住进医院以前，他从事一个封闭研发的工作，经常在公司加班加点，打地铺过夜。

华为时任新闻发言人傅军说："虽然专家诊断的结论是，胡新宇的去世跟加班没有直接的因果关系，但加班所造成的疲劳可能会导致免疫力下降，给了病毒可乘之机。所以这件事情发生之后，公司再一次重申了有关加班的规定：第一是加班至晚上10点以后，要领导批准；第二是严禁在公司过夜。"他又说，IT行业竞争很激烈，甚至很残酷，在华为面向全球的拓展中，有一些客户的要求需快速满足。因此一些团队和小组短期内加班来快速响应，这不仅仅在华为，在IT业界都是较为普遍的现象。"即使需要加班，在加完班之后，按公司规定，加班的员工可以随后进行调休，公司也给员工发了温馨提示，希望大家关注身体健康，做到劳逸结合。"

对网络上争论比较激烈的华为"床垫文化"，傅军认为不少网友有误解，他在接受《深圳特区报》采访时说道，"床垫文化"是公司早期创业者留下的，一直激励着华为人，"当年公司第一代创业者就像当年美国硅谷的创业者们一样，经常挑灯夜战，甚至在公司过夜，这对当时处于创业期的华为来说是必要的。但创业期和发展期不一样。1996 年之后，用床垫在公司过夜的情况非常少了。虽然几乎每个员工都有床垫，但那是用来午休的，不是用来在公司加班过夜的"。

在华为每个工位下面都会有一个床垫，如果有 3000 员工，就有 3000 个床垫。华为的员工李强（化名）在接受网易商业报道采访时表示，这个床垫并非意味着华为的员工要经常在公司的床垫上过夜，而是用作员工在公司睡午觉休息之用。做技术研发的员工，午休有助于恢复体力和脑力。床垫的一般标准配备是一个小被子和一个枕头，大部分员工都不在公司过夜。"除非是非常急的活必须要赶工期，否则不可能在公司过夜，因为过夜效果也未必好。我曾经在公司加过一次班，整个公司平台只有我一个人在加班"。

在员工健康与安全方面，华为通过了国际标准的环境、健康和安全（EHS）管理体系的认证，以及 OHSAS18001：2007 的认证。

华为 EHS 主要包括作业环境管理、特种设备管理、职业健康管理、事故管理、应急和响应管理、宣传与培训、管理评审与持续改进等。通过这些措施，可以最大限度减少伤害、事故、污染物等，保证员工职业健康与安全。华为还专门成立了健康指导中心，规范员工在餐饮、饮水、办公等的健康标准和疾病预防工作，提供健康与心理咨询服务等。

华为拨付专门款项用于员工开展丰富多彩的业余文体活动，也鼓励和引导员工自助开展各类有益身心的活动，华为公司目前有包括篮球、羽毛球、足球、书画、舞蹈、摄影在内的数十个员工文体协会。"交一个朋友，参加一个活动，培养一种兴趣"，我们鼓励和倡导员工在工作之余，健康生活，快乐生活。

第二节 从身心上解放

员工的消极情绪不仅会影响到员工个人的工作表现，也会影响到企业的整体业绩。研究工作场所情绪影响的美国沃顿商学院管理学教授西格尔·巴萨德（Sigal Barsade）就指出，情绪会像病毒一样在人与人之间传播，员工的情绪和脾气会对他们的工作表现、决策、创造力、团队协作和领导力产生影响，其原因在于，人们并非处于情感的孤岛上，而是会将其各种情感和情绪带到工作中，并相互影响。德鲁克就曾一针见血地指出："一个组织就像一部美妙的乐曲，不过，它不是单个个人的音符罗列，而是由人们之间的和声所谱成。"

2006 年以来，有关华为员工自杀与自残，患忧郁症、焦虑症持续增多的传闻不断出现。引起了社会各界对一向充满神秘感的华为的高度关注。华为曾被称为是"中国最累的企业"，它所取得的骄人成绩都是依靠华为人百折不挠的奋斗精神得来的。在华为人享受荣誉和高薪回报的同时，他们也在承受着高于其他企业员工数倍的压力，这是外人所无法体会的。

2007 年 2 月 26 日中午，华为成都研究所一名员工跳楼自杀身亡。2007 年 7 月 18 日下午，年仅 26 岁的华为员工张锐，在深圳一小区的楼道内自缢身亡。在自杀前，他曾多次向亲人抱怨工作压力太大，并打算辞职。时隔不久，2007 年 8 月 11 日，华为长春办事处一名赵姓员工跳楼自杀。事发前他与其主管在电话里发生争吵，而后扔下手机，纵身跳下 7 楼。

发生这样的事情，华为总裁任正非本人也十分担心和不解。他在给华为党委成员的一封信中，这样写道：

华为不断地有员工自杀与自残，而且员工中患忧郁症、焦虑症的不断增多，令人十分担心。有什么办法可以让员工积极、开放、正派地面对人生？我思考再三，不得其解。

任正非认识到，企业不能以为只是给高效率的员工高薪就可以撒手不管其他的事情了，还必须创造条件，让员工从身心上解放自己。

我们要引导员工理解、欣赏和接受习惯高雅的生活习惯与文化活动，使他们从身心上自己解放自己。

任正非发现有些员工手上钱多了，却不知怎么花钱。还有些员工自认为家底比其他人厚实，于是就变得奢侈、张狂。对此，他提出了严厉的批评：

一部分员工，不知道自己的祖坟为什么埋得这么好，还是碰到了什么神仙，突然富有后，就不知所措了。有些人表现得奢侈、张狂，在小区及社会上表现出那种咄咄逼人的气势，不仅自己，连家人也趾高气扬……

一部分人对社会充满了怀疑的眼光，紧紧地捂着自己的钱袋子，认为谁都在打他的主意，对谁都不信任……

这些，都不是华为精神，这些人员不适合担任行政管理职位的，不管高低都不合适。他们所领导的团队一定萎靡不振。

任正非认为，抑郁问题事实上折射出华为员工在财富面前的自我束缚。拥有财富是为了更好地享受生活和工作，而不是将自己与周围人割裂开来，更不是成为一个守财奴。

员工不能成为金钱的奴隶。丰厚的薪酬是为了通过优裕、高雅的生活，激发人们更加努力去工作去有效奋斗的，不是使我们精神自闭、自锁。

任正非给华为高层的一封信：《要快乐地度过充满困难的一生》中写道：

人是有差距的，要承认差距存在。一个人对自己所处的环境，要有满足感，不要不断攀比。例如：有人少壮不努力，有人十年寒窗苦；有人读书万卷活学活用，有人死记硬背，一部活字典；有人清晨起早锻炼，身体好，有人老睡懒觉，体质差；有人把精力集中在工作上，脑子无论何时何地都像车轱辘一样地转……

待遇和处境能一样吗？你们没有对自己付出的努力有一种满足感，就会不断地折磨自己和痛苦着，真是身在福中不知福。

这不是宿命，宿命是人知道差距后，而不努力去改变。

英国心理医生特罗茜·罗尔说："抑郁症是我们为自己构筑的心灵牢狱，而且正因为是我们自己构筑的，所以我们就有能力用自己的双手打开枷锁把自己解放出来。"任正非表示：

员工不必为自己的弱点而有太多的忧虑，而是要大大地发挥自己的优点，使自己充满自信，以此来解决自己的压抑问题。我自己就有许多地方是弱项，常被家人取笑小学生水平，若我全力以赴去提升那些弱的方面，也许我就做不了 CEO 了，我是集中发挥自己优点的优势。

任正非自己就曾是一名严重的抑郁症患者。他坦承：

我也曾是一个严重的忧郁症、焦虑症的患者，在医生的帮助下，加上自己的乐观，我的病完全治好了。

任正非希望通过以自己的亲身经历，鼓励华为人走出抑郁症的阴霾。同时他也建议公司管理层要充分重视员工的心理健康，并尽量创造条件来帮助他们。任正非表示：

我不主张以组织的方式来实现员工的自我解放，而是倡导员工自觉自愿，自我娱乐，自己承担费用的方式来组织和参与各种活动，公司不予任何补贴。凡是补贴的，只要不再补贴了，这项活动就死亡了。"青春之歌"是一个好的名字，一歌、二歌……五歌……各具特色，吸引不同性格与生活取向的人。其实就是各种俱乐部。员工在这些活动中，锻炼了自己，舒缓了压力，也进行了有效的沟通，消除自闭、自傲……只要这些活动不议论政治，不触犯法律，不违反道德规范，我们不去干预。一旦有违规，我们可以对有关员工免除其行政职务，以及辞退等方式来解决。总之释放员工的郁闷，应通过多种途径和管道来解决，靠组织是无能为力的。

……

要因势利导，使他们明白奋斗的乐趣，人生的乐趣，不厌恶生活。华为有几位高管经常周末、深夜一大批人喝茶（务虚会），谈谈业务，谈谈未来，沟通沟通心里的想法，这种方法十分好。我们的主管何不妨每月与自己的下属或周边喝喝茶，明确传达一下自己对工作的理解和认识，使上、下都明白如何去操作。不善于沟通的人，是难做好行政主管的。

任正非希望员工正视自身的问题，并要对自己充满信心：

任何时候，任何处境都不要对生活失去信心。唯有艰苦奋斗才会有益于社会。

……

我相信每一个人都能走出焦虑症和忧郁症困境的！

据心理学专家介绍，在美国，90% 左右的中等规模以上企业都会聘请一个专门的心理服务机构，随时解决员工的心理问题。在欧洲，"为员工减压"运动在企业界非常流行，95% 的大公司和 85% 的中小企业向员工提供了减压帮助，每年的总花费大约有 800 亿欧元。

华为副总裁纪平从 2008 年下半年开始，不断向员工邮箱里发送邮件，提醒大家注意安全（哪怕是交通安全），要注意劳逸结合、注意身体健康。纪平之前是华为的 CFO，她现在新增头衔是"首席员工健康与安全官"，此举意在进一步完善员工保障与职业健康计划。在首席员工健康与安全官之下，华为还专门成立了健康指导中心，规范员工在餐饮、饮水、办公等的健康标准和疾病预防工作，提供健康与心理咨询。任正非在一次内部讲话中说道：

　　我们要加强对员工的关怀。我最近不是讲了吗？我们 EMT 作的决定，就是对那些前线竞争进行投标、进行高强度作业、压力太大的员工，可以短时间到海滨去度假，费用由公司支付。还有一些奋斗强度太大，短时间身体不太好的，可以临时拖到五星级酒店缓冲一下。我们的国际救援都是一级救援的啊。我们买的是美国 AIA 的保险，我们每年为员工支付的各种保障费用大约是八个亿，我们员工在海外有意外，有直升机送到他们认证的医院去抢救，我们当然不希望这种事情发生。

　　我们希望大家要互相关爱，特别是各级党组织的支部书记、支委员，能不能跟员工交交朋友，跟他们谈谈心，吃顿饭？你想想，在非洲那么荒凉的地方，大家出去撮一顿，可能就增强了友谊，可能就是因为你跟他的友谊，他给你打了一个电话，你救了他一条命。所以我号召我们党组织要跟员工做朋友。当然我讲每级行政管理团队都要和员工有一个定时间的沟通，定一个时间，多长时间你们和员工有一个沟通，十分钟、十五分钟都是可以的，你要沟通。在调动工作时，主管一定要和本人做沟通，不能什么都不告诉他，简单命令一下，这样草率，草菅人命，不好。这种东西容易引起很多矛盾。其实很多事情并不是这样子，讲清楚就好了。所以我讲的就是希望大家互相关爱，这种关爱精神一定要有。这样可以平缓竞争给人们带来的心理压力。

第三节　通畅的内部沟通渠道

　　对企业外部而言，为了实现企业之间的强强联合和优势互补，人们需要掌握谈判与合作等沟通技巧；对企业内部而言，人们越来越强调建立学习型的企业，越来越强调团队合作的精神，因此有效的企业内部沟通交流是成功的关键。企业要搞好内部沟通，就要通过现代企业文化建设，打破等级制度，树立全员沟通理念，创造人人能沟通、时时能沟通、事事能沟通的良好氛围。

彭剑锋是《华为公司基本法》起草小组专家之一，他回忆他和华为总裁任正非交流的过程说，任正非是一个思维敏捷、极具前瞻与创新意识的人，经常会有一些突发性的、创新性的观点提出。随着企业扩张、人员规模扩大，企业高层与中基层接触机会减少，他发现自己与中层领导的距离越来越远，老板与员工对企业未来、发展前途、价值观的理解出现了偏差，无法达成共识。这需要在两者之间建立共同的语言系统与沟通渠道。《华为公司基本法》正是在这样的背景下出台。

同时，华为的各业务单位和部门，实践出了很多正式和非正式的沟通渠道，建立起公司和员工之间的桥梁：基于员工成长的沟通：新员工大会、新员工座谈、绩效辅导与考评沟通、调薪沟通、任职资格沟通等；基于管理改进的沟通：经理开放日 OPENDAY、工作外露会 WORKOUT、民主生活会等；基于氛围建设的沟通：年终晚会、家庭日 FAMILY DAY 等。

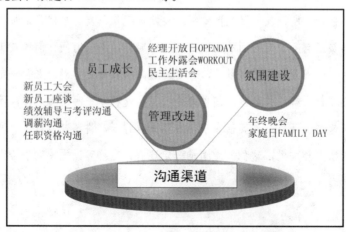

员工可以向自己的直接主管提出自己的意见和建议，也可以按照公司的开放政策，向更上一级的领导提出他们的问题。

华为人还会利用类似《华为人》报一样的内部报纸，及时传递来自基层的信息，这是从微观层面实现企业与员工持续沟通的有利工具。应该说，报纸是企业内部最便捷的沟通渠道，它的作用在于实现企业与员工之间、员工与员工之间持续不断的沟通。

《华为人》报很有特点，基本上都是员工自己写身边的人和事，写他们自己的感悟，可以让人感受到华为人的精神风貌，以及他们的顽强拼搏、奋力进取的精神。这是实现员工内部互动、良性沟通的有效方式，也是最便捷的一种沟通渠道。

 # 第四节　时间管理课程

时间管理是有效地运用时间降低变动性。时间管理的目的：决定该做些什么；决定什么事情不应该做。时间管理最重要的功能：是透过事先的规划，作为一种提醒与指引。时间管理理论的一个重要观念是应有重点地把主要的精力和时间集中地放在处理那些重要但不紧急的工作上，这样可以做到未雨绸缪，防患于未然。在人们的日常工作中，很多时候往往有机会去很好地计划和完成一件事。但常常却又没有及时地去做，随着时间的推移，造成工作质量的下降。

作为自负盈亏的民营企业，华为就非常注重流程建设，华为在新员工的培训中就特别开设了时间管理这一课程。其时间管理培训的第一部分，就是让受训者清楚的了解一般企业在时间管理上的两大误区：

第一大误区也是最普遍的误区就是工作缺乏计划性。华为的时间管理培训指出，大量的时间浪费来源于工作缺乏计划，比如：没有考虑工作的可并行性，结果使并行的工作以串行的形式进行；没有考虑工作的后续性，结果工作做了一半，就发现有外部因素限制只能搁置；没有考虑对工作方法的选择，结果长期用低效率高耗时的方法工作。

第二大误区就是不会适时说"不"。华为认为，在一个团队当中工作的人最常见的一种情况就是不会拒绝，这特别容易发生在热情洋溢的新人身上。新人为了表现自己，也不管自己能不能胜任，往往把来自于各方的请托都一一不假思索地接受下来；有的老员工碍于情面，对于团队其他成员的托付也不好意思开口拒绝。但这显然不是一种明智的行为。

事实上，量力而行地说"不"，对己对人都是一种负责。首先，自己答应了不能胜任请托的工作，不仅徒费时间，还会对自己其他工作造成障碍。同时，无论是工作延误还是效果无法达标，都会打乱请托人的时间安排，结果"双输"。

所以华为一向强调，接到别人的请托，不要急于说"是"，而是分析一下自己能不能如期按质地完成工作。如果不能，那要与请托人具体协调，在必要的时刻，要敢于说"不"。

虽然有道是"成功地界定问题就已经解决了问题的一半"，但如果没有切实可行的解决方案，困境还是不会改变。华为对于时间管理有自己的 4 大法宝：

法宝一：以 SMART 为导向的华为目标原则

华为的时间管理培训指出，目标原则不单单是有目标，而且是要让目标达到 SMART 标准，这里的 SMART 标准是指：

具体的（Specific）。指目标必须是清晰的，可产生行为导向的。比如，目标"我要成为一个优秀的华为人"不能算是一个具体的目标，但目标"我要获得今年的华为最佳员工奖"就算得上是一个具体的目标了。

可衡量的（Measurable）。指目标必须用指标量化表达。比如上面这个"我要获得今年的华为最佳员工奖"目标，它就对应着许多量化的指标——出勤、业务量等。

可达到的（Attainable）。这里"可达到的"有两层意思：一是目标应该在能力范围内；二是目标应该有一定难度。小宁说："一般人在这点上往往只注意前者，其实后者也相当重要。目标经常达不到的确会让人沮丧，但同时得注意：太容易达到的目标也会让人失去斗志。"

相关的(Relevant)。这里的"相关的"是指与现实生活相关，而不是简单的"白日梦"。

基于时间的（Time-based）。"基于时间"就更容易理解了，它是指目标必须确定完成的日期。在这一点上，华为的时间管理培训指出，不但要确定最终目标的完成时间，还要设立多个小时间段上的"时间里程碑"，以便进行工作进度的监控。

法宝二：关注第二象限的华为四象限原则

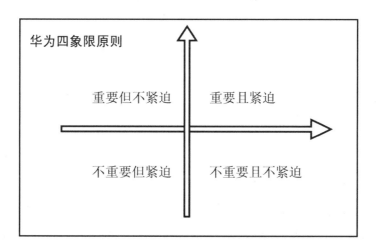

根据重要性和紧迫性，华为将所有的事件分成4类（即建立一个二维四象限的指标体系），它们分别是：

第一象限是"重要且紧迫"的事件，例如：处理危机、完成有期限压力的工作等。

第二象限是"重要但不紧迫"的事件，例如：防患于未然的改善、建立人际关系网络、发展新机会、长期工作规划、有效的休闲。

第三象限是"不重要但紧迫"的事件，例如：不速之客、某些电话、会议、信件。

第四象限是"不重要且不紧迫"的事件,更直接地来说是"浪费时间"的事件,例如:阅读令人上瘾的无聊小说、收看毫无价值的电视节目等。

华为在时间管理培训中指出,华为除了和其他企业一样将第三象限收缩和第四象限舍弃之外,在第一象限与第二象限的处理上,并没有按常理把第一象限放在首位,因为华为认为,当一个团队长期处于高压力的工作状态下,经常忙于收拾残局和处理危机,很容易使人精疲力竭,长此以往既不利于个人也不利于企业的发展。

新员工在进华为之前,以及在华为工作的初期,往往有一个想法就是让自己时刻处于忙碌状态,总是寻找那些重要紧迫的事情去做,一段时间下来,天天加班,状态很差,而且工作质量也不尽如人意。后来转换了关注的方向,发现整个感觉都改变了。这主要是因为第一象限与第二象限的事本来就是互通的,所以华为鼓励员工多关注第二象限的事件,这样自然就能使第一象限的事件也相应减少。而且处理时由于时间比较充足,效果都会比较好,人也更有自信了。

法宝三:排除不必要的干扰

据日本专业的统计数据指出:"人们一般每 8 分钟就会受到 1 次打扰,每小时大约 7 次,或者说每天 50 ~ 60 次。平均每次打扰大约是 5 分钟,就每天大约 4 小时计,也就是说员工在工作中约 50% 的时间都处于被打扰状态。其中 80%(约 3 小时)的打扰是没有意义或者极少有价值的。此外人被打扰后重拾原来的思路平均需要 3 分钟,每天大约就是 2.5 小时。"根据以上的统计数据,可以发现,每天因打扰而产生的时间损失约为 5.5 小时,按 8 小时工作制算,这占了工作时间的 68.7%。

华为也明显认识到"打扰是第一时间大盗"这一现象。为了解决这个问题,华为提出了自己的时间管理法则——"韵律原则",它包括两个方面的内容:一是保持自己的韵律,具体的方法包括:对于无意义的打扰电话要学会礼貌地挂断,要多用打扰性不强的沟通方式(如 e-mail),要适当的与上司沟通以减少来自上司不必要的打扰等;二是要与别人的韵律相协调,具体的方法包括:不要唐突地拜访对方，了解对方的行为习惯等。

法宝四：执著于流程优化的华为精简原则

"崔西定律"是指："任何工作的困难度与其执行步骤的数目平方成正比。例如完成一件工作有 3 个执行步骤，则此工作的困难度是 9，而完成另一工作有 5 个执行步骤，则此工作的困难度是 25，所以必须要简化工作流程。"

华为在各个部门推行简化工作流程，无论是对于个人工作的流量，还是部门的工作流量，遵循一个原则就是"能省就省"。分析工作流程的网络图，每一次能去掉一个多余的环节，就少了一个工作延误的可能，也就意味着大量时间的节省。

任正非：不要做一个完人

不要做一个完人，做完人很痛苦的。要充分发挥自己的优点，使自己充满信心去做一个有益于社会的人。

金无足赤，人无完人。完人实际上是很少的，我不希望大家去做一个完人。大家要充分发挥自己的优点，做一个有益于社会的人，这已经很不错了。我们为了修炼做一个完人，抹去了身上许多的棱角，自己的优势往往被压抑了，成了一个被驯服的工具。但外部的压抑并不会使人的本性完全消失，人内在本性的优势，与外在完人的表现形式，不断地形成内心冲突，使人非常地痛苦。我希望把你的优势充分发挥出来，贡献于社会，贡献于集体，贡献于我们的事业。每个人的优势加在一起，就可以形成一个具有"完人"特质的集体。

我的缺点和劣势是明显的。我大学时代，没有能参加共青团，通不过呀，我是优点很突出，缺点也很突出的人，怎么能通得过呢？我在军队这个大熔炉里，尽管我非常努力，但也加入不了共产党。我加入共产党是在粉碎"四人帮"以后，上级领导认为我有重大贡献，在其直接干预下，我才加入了。按正常情况来看，我肯定也是有问题的。我并不埋怨任何人，他们指出的确实是我的不足。我们公司以前有位员工，已经到美国去了，他走的时候跟我说，你这个人只能当老板，如果你要打工，没有公司会录用你。

我在人生的路上自我感觉是什么呢？就是充分发挥自己的优势。比如说我英文不好，是现在不好，但是不等于说我外语能力不行，我在大学可是外语课代表，我那时还自学了英语、日语，都能简单交流，看书了。但后来为什么不行了呢？20年军旅生涯没使用这个工具，就生疏了。当我走向新的事业的时候，虽然语言对我很有用处，但发现我的身上最主要的优势是对逻辑及方向的理解，远远深刻于对语言的修炼。如果用很多精力去练语言，可能对逻辑的理解就很弱化。我放弃对语言的努力，集中发挥我的优势，这个选择是正确的。对于我来说，虽然英文好，可能我在人们面前会挺风光的，但是我对社会价值的贡献完全不一样了。我就放弃一些东西，集中精力充分发挥我的优点。我确实注重于重要东西的思维，可能忽略了小的东西。小的东西不等于不需要重视，但我确实没有注意。

在人生的路上，我希望大家不要努力去做完人。一个人把自己一生的主要精力用于去改造缺点，等你改造完了对人类有什么贡献呢？我们所有的辛苦努力，不能对客户产生价值，是不行的。从这个角度来说，希望大家能够重视自己优点的发挥。当然不是说不必去改造缺点。为什么要讲这句话呢，完人的心理负荷太重了，大多数忧郁症的患者，包括精神病患者，他们中的大多数在社会中是非常优秀的人，他们绝不是一般人，一般人得不了这个病，就是因为太优秀了，对自己追求目标太高了，这个目标实现不了，而产生的心理压力。我不是说你不可以做出伟大的业绩来，我认为最主要的是要发挥自己的优势，实现比较现实的目标。这样心理的包袱压力才不会太重，才能增强自己的信心，当然这个信心包括活下去的信心，生命的信心。希望各级组织在和党员进行教育的时候，不要过多关注缺点，多关注他人的优点。

每个人都发挥自己的优势，也多看看别人的优点，从而减少自己心理太多的压抑。要正确地估计自己，绝大多数人都会比较过高估计自己。我们的豪言壮语如果偏离了我们的实际，你会浪费你很多精力，而不能实现你的理想。有一首歌叫《铃儿响叮当》，这首歌现在已经成为西方圣诞节里不可缺少的歌，其作者是约翰·皮尔彭特。他的一生从来就是过高地估计自己，他设计的人生目标最后全都失败了。直到87岁，那天出去参加人家的圣诞平安夜，在途中，赶着雪橇车的时候，随意哼唱出这首歌，结果这首歌就成了脍炙人口的世界名曲。你看看，过去的失败，就因为他没有正确对待自己，没有正确对待自己的人生，他浪费了80多年不应该浪费的光阴。

大家要正确估计自己，然后作出对自己的正确判断，这样才能够充分发挥自己的作用。同时，要认识这个社会上差距是客观存在的。没有水位差，就不会有水的流动；没有温度差，风就不能流动；就算是机器人，机器人还有温差，对吧？人和人的差距是永远存在的。同一个父母生下的小孩，也是有差距的，更何况你们不同父母。当自己的同学、同事进步了，产生了差距，应该判别自己是否已经发挥了自己的优势，若已经发挥了，就不要去攀比，若没有发挥好，就发挥出来。

公司有的员工，心里面常常愤愤不平，觉得委屈他啦！其实我们公司很简单，并不像他们说的那样不公平。一个新员工进入这个公司，他们前半年先培训，后面一年左右主要是熟悉工作，他们真正产生贡献是在两年后，他们进公司时大约五六千块钱，这样的报酬在社会上已经不低了。但是他们和老员工对比，觉得愤愤不平，说老员工有股票。大家也要想一想，红军从爬雪山过草地，到了北京，这过程仅仅经历了14年。他们从一个少年才变成一个青年，到北京就当了部长。这个差异是客观存在的。战火纷飞的时候，别人攻上山头，给他一个英雄或者给他一个连长，然后也有人愤愤不平："我不就是没冲上这个山头吗？"那不就是你没有过雪山草地，不就是你没有冲上山头吗？就是说，你在这个创业风险时期，你没有出现，当时公司处在风险时期，他们将工资奖金全部家当都投入到公司了。你那时还没有进入这个公司，所以你没有分享到那时的一份风险与一份幸福。

人生一定要有一个自我的满足感。你要和社会去比，和自己的纵向比，和你爸爸妈妈比。你想你爷爷那个时候可能一个月只有四五十块钱的工资，到你爸爸妈妈那时候一个月可能就有四五百工资了，到了你有四五千块工资啊。实际上你已经有很大进步了，对吧？你需要更大的进步，你就需要更大的努力，所以不存在新老员工之差。新老员工在薪酬体系上是处于同一个轨道的。在公司创业初期，公司需要大量的资金投入，老员工就把自己的工资拿出来了，换成了公司给他的一张纸，这张纸就是告诉他，红军长征胜利回来以后，我挖过你的红苕，你拿这张纸事后可以领大洋。华为一旦崩溃了，他们就将一无所有，那张纸就变成了废纸。现在已实行饱和配股，已经可以缓解以后的差距，你也会成为老员工的。华为公司是无法帮助解决你的不公平的，你选择了华为，你就选择了艰苦奋斗，因为我们这种没有背景的公司，活下去的唯一可能就是要比别人多努力一点，不然它不可能活下去。有些拥有资源的公司，情况会好一些。

人要有进取心，要努力，要作出贡献，但是也要有满足感。自己的力量发挥到最大，就应对人生无愧无悔。员工暴露出的思想问题，我认为还是缺少对一些客观的认识，对客观规律和客观现实的认识。如果我们都不能认识这个问题，我们的心理障碍就很大。想想不舒服，嫉妒之心不就是这么来的。不舒服的情绪慢慢使自己变得忧闷，慢慢就成为一个死结，最后打不开这个死结，慢慢就成为一个心理障碍了。当然你们先进党员是没这个问题啊，我是通过你们党员给我们全体员工，通过党员活动给周围的员工一些关爱，给他们思想做一些辅导，因为他们太年轻了，他们不太懂得自己的人生。

我曾经在公司讲过，人生最美好的就是生命，没有什么东西比生命更高贵，所以一切都要为了生命。要爱惜生命，不管是在工作中，还是生活中，不管在哪方面都要爱惜生命，工作太累了一定要休息。公司现在有文件，对那些冲击项目短期太累的员工，可以短期到海滨度假休整一下，由行政费用开支，公司已有文件。有的员工奋斗强度太大，太艰苦了，主管看到你脸色不太好了，可以从前线把他拖下来，休养休养，缓冲一下。

近期有些员工自杀，我心里是很沉重的，也很理解他们，因为从1999年到2007年，其实我个人就有多次有感觉活不下去的经历，我跟他们是同类，所以我才有这么多感触。但是我有一个最大的优点，我开放，我讲出来。我知道自己是病，难受得很，实在受不了的时候，我会往外打电话，诉说自己的心理感受，没有一个人会劝你自杀的。我以前不知道这是病，也不知道这个能治，后来就治好了。我记得郭平在美国跟我谈心的时候说："老板，你要找一些无聊的事情来干。"所谓无聊的事情就是瞎聊瞎侃，把精神岔开，慢慢就不会想这件事，可能病也就好了。后来我写了一篇文章，到北京景山公园去看看唱歌啊，到云南丽江看少数民族对歌啊，到热闹的地方去吼一吼、闹一闹啊，可能人就释放，就会好一点。

员工要多一些朋友，很多出问题的员工，最大的问题是没朋友，我希望员工在这个时候要多几个朋友。多一个朋友，就多有一个打电话的地方，实在闷得受不了就打电话嘛，疏导一些总会有好处的。

大家要珍惜生命，近些年来有员工自杀，大多数是个人原因，有些进来也就一个月不到两个月左右，时间比较短。我们忽略了心理测试，对他们的心理关怀也不够，不论谁出现这种情况，他们都是我们的战友，我们都是心疼的，我很理解他们，我希望大家也理解他们。希望好好理解我上面讲的话，看到自己生命中的优点，不断地激励自己，不要光看自己的缺点，背那么多包袱，背那么重的包袱。

整个社会的环境和氛围已经很宽容了，同性恋在这个社会上也不会受到太多的谴责和歧视！你既然有这么大的精神压力，你为什么要选择这条道路呢？你既然选择了这条路，就说明你认为它是正确的，是你的追求，那你怕什么呢？所以我认为我们很多员工面对生命过于草率，实在不好，不好。特别是工作没有成绩啊，决策失误啊，走向这一步，更不好！我们有的员工的精神包袱太大，在这个进取的团队里面，落伍了就感到有点压力。有什么压力啊？做员工有什么不可以的啊？这个世界上多数都是做员工的啊！做领袖的人总的还是少数的，领袖也是偶然机会啊，也不是说是必然机会的啊。所以说公平有时候是无从说起啊。

华为公司总的来说是个内部很宽容的公司，不像社会上想象的那样。有些误解的人，主要是不了解我们，我也是可以理解的。千秋功罪，何必要评说呢？你何必要等到评说呢？没人会给你评说，你放心好了。你就好好珍惜自己，不要太多地听信闲言碎语，不要有太多的精神压力和包袱。

（本文为任正非在优秀党员座谈会上的发言）

■第9章

人才：国际化行动

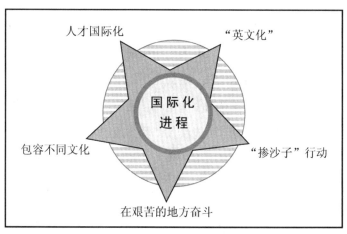

人才国际化　　　　　　"英文化"

国际化
进程

包容不同文化　　　　　　"掺沙子"行动

在艰苦的地方奋斗

2011 年 9 月 20 日，《中国企业家》杂志首度推出"2011 中国企业国际化指数暨中国企业国际化 50 强"。华为、联想、中化集团分列前三名。未来 30 年的竞争，能够胜出的是没有明显短板的公司。而中国公司过去很多都是靠"一招鲜"在市场中脱颖而出。强调全球化能力是因为在全球市场的再竞争中，从人力资本、品牌、资金、战略到商业模式等各个方面必然都对中国企业构成挑战。

第一节　人才国际化

人才竞争的国际化促进了人才的跨国流动。人才自由流动是经济发达的重要标志，人总是向高机遇、高发展、高收入的方向流动，其中包括跨国流动。全世界大约有 1.3 亿人在境外工作，国际性流动人口约占世界总人口的 1/50。

大多数新兴市场国家的劳动力都很丰富，不过当这些国家的企业进行国际化扩张时，最大的障碍仍然是合格员工的缺乏，因为国际扩张对员工的文化交流能力和专业技能要求更高。中国公司征战海外，不缺乏资本，也不缺乏研究创新人才，缺的是决策与管理层面的高级人才。大多数勇敢走向海外的管理决策层，并不具备国际化经验，甚至缺乏学习国际化经验的能力。

创始人施振荣在接受《商务周刊》采访时说道："目前内地大企业的国际化不很顺利，最主要的原因是国际化的人才和经验不足、时间不足，而国际化的规模又太大。这么大规模的国际化是一定会遇到困难的，因为能力不足，能力不足是因为经验不足。国际化必须要用全球化的思维模式，尤其是全球化的人才。国际化初期派再多人到海外去也不可能深入了解当地的文化，了解文化还不够，你还要有很多的人脉，还要管理当地企业的人，因此只有整合全球人才才比较容易打全球品牌。"

人才是企业发展的根本。在国际通信制造业日趋激烈的竞争中，比技术、比产品、比服务，但本质上是比人才。"走出去"的企业，在国际市场上开拓业务，必须与当地市场通畅地沟通，准确了解当地市场的需求。谁更能担此重任？当地人更为胜任。人才本地化的另一作用是，可成为企业与当地市场和政府之间的润滑剂。一个能带来就业的企业，往往是具有可持续发展的企业，能更快地融入当地社会。

华为近年来国际市场发展迅速，不断加大对海外本地员工的聘用力度。华为官方数据显示，华为海外本地员工的聘用平均每年增长 15% 以上，截至 2011 年年底，华为员工人数达 14.6 万人，其中 80% 为男性，中国员工占 79.81%，海外员工本地化比例为 72%。其中，30 岁以下的员工占 51%，30 ~ 50 岁的员工占 48%；国外员工共占 20.19%，其中亚洲其他国家占比 7.56%，欧洲占 4.92%，南美洲占 2.93%，非洲占 2.85%，北美洲占 1.72%。

在员工组成中，产品与解决方案（R&D）领域员工数占比 52%，其次为服务领域，占比 19%，销售占 11%。

按照经典的国际化经营理论，在不同的国际化经营阶段，跨国公司人员配置也有母国化、本土化以及全球化的不同。海外员工本土化率达到 57%，对于华为来说意味着，国际化的挑战将变得完全不同。

华为外籍雇员的增长比例与整个公司人员的增长比例保持了一致的步调。大量招聘本地员工是华为解决人才急需的另一条有效途径。外籍员工的大量加入，特别是高素质外籍员工的加入，是华为拓展欧洲市场的另一个秘密武器。荷兰代表处无线业务高级商务经理 Johan Vorgers 先生就是这样一位外籍员工。他原先是瑞典某电信设备公司的资深技术专家。

在一些国家，华为还是受到了本土人才的欢迎。"9·11 事件"以后，阿拉伯世界对中国的态度普遍友好，华为在中东地区迎来了一个难得的发展机遇期。成为一线设备提供商后，华为在沙特的人才市场上有了不错的口碑，只要以市场价或略高于市场价的薪水就能招募到比较好的外籍雇员，其中有些还来自沙特最好的大学。

然而，在海外招聘本土人才并非一件易事。一位曾在埃及市场参与过招聘的华为员工表示，海外招聘是一个非常艰难的过程，按照华为给出的工资，虽然比国内工资高出很多，但跟国外工资水平相比还是没有竞争力的，因此无法招到当地优秀的人才。华为海外分支机构的领导大部分都是中国人，这让部分当地员工缺少归属感，这也增加了管理的难度。

与华为同城的竞争对手中兴通讯把 2005 年确定为"国际年"，为了开展国际化市场，他们首先做的同样是进行人力资源规划。中兴通讯董事长侯为贵说道："人才本地化应当是中兴国际化发展最大危机。其实所有企业都是这样，外国企业到中国来，他也要靠本地人才做大量工作"。"做好国际化人才的储备。其次，我们在一些重要的国家，要全面加大市场覆盖力度。同时全面强化国际市场资源平台的建立和正规化建设，为国际市场提供售前、售后等多方面的支持。循序渐进才能化解国际化风险"。2007 年，在走向国际市场 12 年后，中兴通讯完成了国际市场的布局。公司的业绩中，来自国际市场的比重增加到 57.77%，比上年同期增加了 13.35 个百分点。在欧美市场，2007 年，中兴通讯的销售增长速度达到了155%。其在海外的办事处达到 98 个，覆盖 135 个国家，并在海外拥有 8000 名销售人员，其中员工的本地化率达到了 65%。

"如果企业'走出去'之后，企业海外员工的本地化率只占 10%、20%、30%，而没有达到 60% 以上，那么企业的本地化就没有结束，企业也没有办法跟当地的文化做充分的融合。"中兴通讯副总裁刘鹏表示。

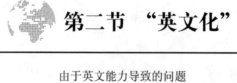

第二节 "英文化"

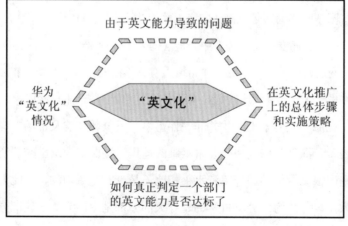

中国国资委某央企控股的一家新加坡挂牌公司,新总裁由国内派来,工作时最少需要两个半翻译。电邮也好,文件也罢,要让其明白需三个程序。首先由新加坡本地雇员翻译出一个版本,然后由国内来的员工校对一遍,最后由一个中层干部定稿把关一次。如此高管人才派驻海外徒增波折。一小时的公司例会,加上翻译时间成本翻番,有开历史倒车之感!据闻公司半数以上员工都曾卷入为这个国企大班的传译工作。[①] 这已成了普遍现象。在我国,英语成了阻碍企业进行国际化的一道屏障。

在华为市场拓展版图上,我们可以看到有一百多个红色Logo分布在世界各地。国际化,对于70%多销售额来自国际市场的华为来说,早已不是陌生的词语。然而,如果要让华为的本地员工来给华为的国际化打分,华为的得分可能会很低。有很多原因导致了这个结果,其中最表面、最直接的是中方员工的英语能力。

现阶段,在华为国际化中影响效率的主要问题是什么?

国际化中影响效率的原因很多,如:员工职业化,管理体系建设,对本地文化的理解等等,英文能力是影响效率因素之一,它虽然不是最主要的,但影响很大。

由于英文能力导致的问题

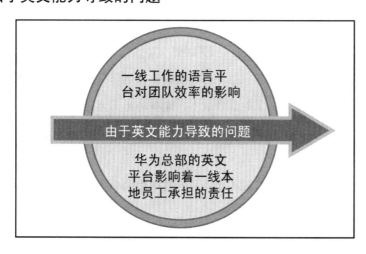

华为认为,目前由于英文能力导致的问题主要表现在下面几个方面:

① 韩方明.人才国际化才能使企业国际化.联合早报,2006.

一线工作的语言平台对团队效率的影响。

在一线团队中，由于语言及跨文化沟通等问题，导致华为代表处中方和本地员工还没有很好的沟通融合。大多数的业务主管都是中方员工，但所带领的本地员工的比例很高，本地化比例最小的片区在 60%，高一点的片区已经接近 80% 了。部分华为地方本地员工跟本地的副主管沟通，中方员工跟中方主管沟通，像是两个团队在运作，不能很好地融合成一个团队，影响组织效率。

华为的文件发布、流程、邮件沟通、知识共享等体系也没有彻底英文化。

另外，华为总部的英文平台影响着一线本地员工承担的责任。

一个公司的国际化，除了海外分公司的本地化，公司总部的国际化也很重要。如果外籍员工发一封英文邮件去总部还要经过翻译，甚至好多天也得不到回复，这样的公司要实现国际化相当难。

现在华为本地的优秀骨干往往只能做到副主管，做到正主管就很难，因为他一旦成为一把手，就要面对求助体系、沟通交流体系、述职体系等等，由于华为的总部是非英文化的总部，他们在这些方面会碰到巨大的困难。这导致了本地员工职业发展的瓶颈。随着海外的业务越来越大，如果本地主管不能担任这样的角色，本地团队的工作热情和凝聚力会受到影响。即使对于本地的普通员工、工程师，他们跟总部在日常的工作中也有许多信息的交互。

那么华为一直强调本地化的原因是什么呢？

主要是因为华为本地员工更熟悉当地的环境，业务运作质量和效率更好，而且对于大多数国家，中方外派员工的综合成本，比本地员工要高很多。对于发达国家，华为中方员工虽然有成本优势，但华为如果不能对当地就业有积极贡献，也很难营造良好的商业环境。

正是由于本地化的必要性和目前英文能力对其造成的负面作用，华为才把英文化的问题凸显出来，放到如此重要的位置。

华为在"英文化"推广上的总体步骤和实施策略：

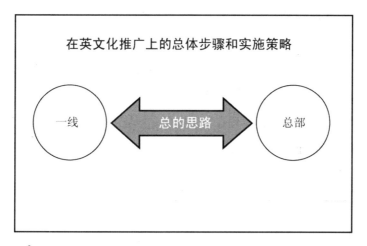

总的思路是在一线和总部两个层面一起改进。一线解决具体的沟通和团队融合问题，总部解决平台问题。在代表处，语言环境上具有优势，目前华为代表处许多主管可以直接用英语交流，但到地区部、片区就弱些，到总部就更是瓶颈了。

现在华为总部成立了专门的小组来做英文能力提升改进工作，各体系也都开始行动起来了。如：销服体系要求在 2008 年第四季度英文考试 80% 达标，到 2009 年二季度全部达标。战略与 MKTG（marketing 行销）也要求 2008 年年底 100% 完成达标。财经管理部关键岗位 2008 年年底 90% 达标。供应链管理部需要英语的目标岗位 2008 年年底完成 90%，2009 年 100% 达标。研发部门很多岗位不需要英文化交流，但像 PDT 经理、对外联络的部门也必须达到要求。除了考试，和一线有比较多业务往来的关键岗位，到 2008 年年底要能够很好地交流和沟通。

另外，文件、邮件的英文化，华为各体系有不同的要求，这要结合本体系跟一线结合的紧密程度。首先必须保证发文是双语的。有些部门的邮件，华为表示也要开始在合适的时候英文化。

还有工作平台，现在华为 SSE 已经完全实现英文化了。很多类似的流程工具已经逐步开始英文化，逐步把华为的工作平台建立成中外方一体的平台。

总之，华为要在总部全面营造一个能够使一线业务顺利开展的英文环境。

如何真正判定一个部门的英文能力是否达标了

虽然华为把托业考试作为英文化的主要内容之一，但英语考试仅仅是推进英语能力提升的手段，关键是在日常工作中逐步将英语作为工作语言。

如何真正判定一个部门的英文能力是否达标了呢？

对华为来说，考试并不是目的，华为并不需要托业高分、雅思高分。考试是传递一个信号，引起华为员工的重视。

华为认为，真正的达标体现在三个方面：一是部门需要共享的信息能够共享到全球，中外方员工能够直接交流；二是部门所管辖的业务，海外本地员工、本地主管可以直接参与；三是降低英文问题对公司业务运作效率的影响。

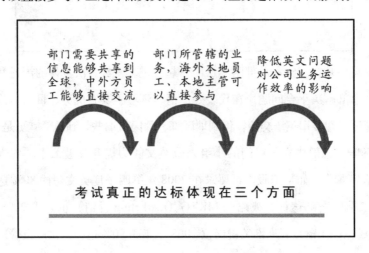

考试真正的达标体现在三个方面

英语能力提升，主要的目的是让华为成为国际化的公司，本地员工能够在的华为团队发挥更大的作用和价值。

华为认为有些华为员工觉得自己的工作岗位可能永远不会用到英语，是否有必要参加考试呢？华为表示，大部分岗位，比如：MKTG，无论做品牌、做战略，还是做展会、广告，面向的是全球，跟本地员工或者客户交流的场合很多，对英文能力有较高要求。有少量的岗位，可能真的永远用不到英文交流沟通，但相信随着华为的国际化加深，这种情况会越来越少。

现在，华为员工中很多人没有接触英文，一个重要的原因是目前中方外派人员在一线各岗位当主管，很多关键岗位，如行销主管、服务主管，都是中国人，所以总部员工觉得都在跟中国人沟通，没有英文的需要。如果一线换成了本地主管，那么对总部就有英文化的需求。总部没有英文化，本地员工上不来；本地员工上不来，总部好像对英文化的需求就没有那么迫切。并不是这些岗位没有英文化的需要，而是没有感受到英文化的压力。就好像我们呆在一个城堡里，由于城门没有打开，并不知道外面已经兵临城下。城门关闭，付出的代价是效率和成本。

现在华为总部的业务主管开一个中文的电话会议，全球的业务就都布置了，但如果十几个地区部有一个本地的业务主管，问题就会出现。

有些华为员工认为，我们为什么不能让本地员工来学习中文呢？英文是世界公认的商业语言。大多数国家，本地员工能够熟练掌握的第二门外语就是英文。

华为"英文化"情况

目前华为所有的 IT 系统已经英文化。华为体系要求从 2007 年第四季度起，所有发往海外的工作邮件、报告均要使用英语。员工如收到英文邮件，就必须用英文回复；从 2008 年起，在总部要求所有目标岗位的员工发出的邮件、报告要开始使用英语，逐步提高目标岗位员工的英语使用比例，到 2008 年年底目标岗位员工的英语应用达到 100%。从 2007 年 10 月份开始，供应链办公例会已经实现了英文化，会议材料全用英文准备，发言原则上必须用英语。供应链各二级部门办公会议也在逐步实现把英语作为会议语言。华为希望以此牵引总部英语使用的范围，力争到 2010 年前实现全面使用英语作为工作语言。

"随着公司业务走向全球，供应链也不再是国内生产制造，而已变为全球制造了，我们在巴西、匈牙利都有外协厂。大客户时常会到供应链进行厂验，如果英语不行,会直接影响业务开展和客户满意度。"供应链干部部主管陈新志介绍说。

2008 年，为促进华为员工的英语学习积极性，营造英语学习氛围，华为供应链组织了一场英语演讲比赛。"说是比赛，其实我们把它定位于一场英语活动，甚至是英语联欢。"比赛主要组织者刘颖介绍说。为使活动形式丰富，供应链培训组精心准备决赛形式，选手的九个主题秀内容丰富多样，赛场英姿、人在旅途、风云人物、央视新闻、天气预报、促销精英、动物乐园、佳片有约、音乐之声等精彩纷呈。参赛选手组建了拉拉队，为自己造势助威。会务组还给每个决赛选手拍摄了视频，决赛现场的英语宝贝秀更是将活动推向高潮……经过包装，原本紧张枯燥的比赛变成了群众联欢，前后共吸引了数百名员工参加，极大地调动了供应链员工的英语学习热情。

综合来看，华为全球化目前的最大瓶颈还是英文，最基本的交流问题不解决，国际化就无法深入推行下去。在迈向全球化的进程中，英文化是华为必须而且是首先要迈过的一道关，是提升华为国际化能力的必由之路。

我国国际化先驱在国际化道路上的教训，为后来者提了个醒。百度董事长兼首席执行官李彦宏说："其实早在公司上市之初，我们就已经在考虑国际化战略。百度也一直在按照国际化的视野思考。"国际化视野是在全球范围内跟同类别的企业进行比较，要和他们具备共同的视野和能力，同时要有本土化的策略和运营。李彦宏举例说，美国公司雇用关键人员基本上都要求他必须讲英语，但是百度在日本做搜索项目时，招聘的一些非常关键的员工可以不讲英语，也可以不讲中文，只要他会讲日语，了解日本市场就可以了。2009 年，在进入日本搜索市场两年之后，百度开始加快国际化步伐。招聘启事显示，百度已经启动德语、法语、俄语、伊朗语、土耳其语、阿拉伯语、马来语等七种语言的前期调研工作。

第三节 "掺沙子"行动

掺沙子是 20 世纪 80 年代以前农村建简易住房打土坯垒墙的一种工艺程序：在泥土里要掺上一定的沙子和少量的麦秸和稻草，增加泥土的附着力，减少土坯裂缝现象。或者栽种农作物、花卉时，在较肥沃的腐殖质土中掺沙子，目的是为了增强土壤的透水性，避免积水，防止植物烂根。

这种民间建筑工艺和农业耕作土壤改良技巧，曾被毛泽东借用来喻指治理党内、军内"山头"割据的政治策略、管理技巧。引申开去，所有通过改变组织机构人员结构，注入不同于原有班子的新因素，达到改变某组织的力量对比、改变其性质和方向之目的的办法，都可以称之为"掺沙子"。

伴随华为海外业务的发展步伐，海外本地员工队伍也迅速壮大起来。2004 年初本地员工尚不足 1000 人，到 2008 年已有本地员工1 万多人。为减少跨文化、语言、地域的障碍，让海外本地员工了解公司、认同华为，真正成为华为的同路人，在多种合力的推动下，销服体系从 2007 年 8 月开始推行"掺沙子"行动。通过这项计划，为一些优秀的本地骨干提供培训，让他们承担更大的职责，同时，提升机关英文能力，更多地倾听本地员工的声音。

在"掺沙子"行动中，华为海外代表处先推选出一些优秀本地员工到中国。机关部门为他们量身定制详细的培训和项目实践计划，并指定导师为其提供指导、答疑解惑。本地员工按计划参加项目实践、技能培训、文化培训、参观交流等，通过耳濡目染，他们感受、学习、思考公司的管理运作和文化。部门定期组织相关人员与他们沟通，分享经验，同时倾听本地员工的需求与困惑、思考和收获。2 ～ 6 个月的实践结束，组织正式的培训答辩检验"沙子"们的学习成果。华为业务导师给出评价意见，指出优点、不足及改进的方向。华为销服各干部部对"沙子"们回国后的表现进行了跟踪调查，结果表明，"沙子"们的业务能力有所提升；对华为公司及公司的价值观更认同；与中方员工、中方主管的相处、沟通和互动更加和谐融洽；本地员工将在深圳的所见所学与其他本地员工分享，对周围的同事产生了非常积极的影响。

目前，华为销服体系的"掺沙子计划"已完成了第一阶段的工作，来自海外六大片区的 123 名本地骨干员工参加了活动，他们犹如星星火种般撒向了各片区。2009 年以后，销服体系更加坚定地进一步深入探索多元化的本地员工发展之路。

 # 第四节　在艰苦的地方奋斗

华为正处在一个关键的发展时期，我们已经连续数年大量招收新员工，壮大队伍。新员工进入华为，第一眼看到的、处处感受到的就是华为的艰苦奋斗。正是靠着艰苦奋斗、永不放弃、积极进取的精神，华为在电信设备制造领域塑造起了一个属于中国的国际品牌。

20世纪90年代中期，中国通信市场竞争格局也在悄悄发生改变，国内、国际市场的竞争更加激烈。国际市场萎缩，影响了中国企业拓展海外市场，同时海外通信设备巨头在国外出现需求紧缩的情况下转而加大对中国的攻势，给华为等国内通信设备企业造成很大的竞争压力。几乎与此同时，华为就开始了海外业务的拓展，对于刚刚在国内市场站稳脚跟的华为，风险和挑战可想而知。

华为有10多万名员工，其中海外员工大概有两三万人，每天在空中飞行的华为员工大概有1400人。可以说，华为的国际化之路一直伴随着汗水、泪水甚至是殉职。2008年，在国际金融危机冲击下，沃达丰、爱立信等世界电信巨头业绩纷纷滑坡，而华为全球销售收入同比增长42.7%。没有华为员工"忘我努力地工作"，以及众多员工在海外的艰辛奋斗，取得这样的业绩是不可想象的。

在非洲等地，员工需要面临更多方面的压力。据华为一位在非洲工作的员工讲述，他所在的办事处在过去的两年时间里，一共被洗劫了两次，外加一次洗劫未遂，歹徒每次都是"一锅端"，除了内裤什么都没留下。在拓展非洲市场过程中，很多华为员工都有不少困难和危险经历：疟疾这种可以致命的疾病，对很多华为员工来说成了类似感冒的常见病；枪林弹雨的电影情节，也真实地出现在了刘康等人的现实生活中。至今在华为刚果（金）代表处的办公室墙上，还残留着零乱的弹痕……

当然，这都只是华为海外员工的缩影而已。任正非在其题为《天道酬勤》的演讲中说道：

中国是世界上最大的新兴市场，因此，世界巨头都云集中国，公司创立之初，就在自己家门口碰到了全球最激烈的竞争，我们不得不在市场的狭缝中求生存；当我们走出国门拓展国际市场时，放眼一望，所能看得到的良田沃土，早已被西方公司抢占一空，只有在那些偏远、动乱、自然环境恶劣的地区，他们动作稍慢，投入稍小，我们才有一线机会。为了抓住这最后的机会，无数优秀华为儿女离别故土，远离亲情，奔赴海外，无论是在疾病肆虐的非洲，还是在硝烟未散的伊拉克，或者海啸灾后的印尼，以及地震后的阿尔及利亚……到处都可以看到华为人奋斗的身影。我们有员工在高原缺氧地带开局，爬雪山，越丛林，徒步行走了8天，为服务客户无怨无悔；有员工在国外遭歹徒袭击头上缝了30多针，康复后又投入工作；有员工在飞机失事中幸存，惊魂未定又救助他人，赢得当地政府和人民的尊敬；也有员工在恐怖爆炸中受伤，或几度患疟疾，康复后继续坚守岗位；我们还有三名年轻的非洲籍优秀员工在出差途中飞机失事不幸罹难，永远地离开了我们……

18年的历程，10年的国际化，伴随着汗水、泪水、艰辛、坎坷与牺牲，我们一步步艰难地走过来了，面对漫漫长征路，我们还要坚定地走下去。

巴基斯坦代表处作为华为海外最大的代表处，员工超过千人，本地化程度高。代表处的华为员工们认为，工作的确是很艰苦，但也获得了更多的经历及体验。比如，在1494号站附近，据说那是巴基斯坦最热的地方。有一次，代表处员工的车开到水里去了，员工们就只好下去推车，没有想到水居然非常烫，像开水一样；在山顶上，能欣赏到在地面、峡谷刮起的龙卷风，由远及近，有时会同时看到四五个龙卷风，飞沙走石，场面非常壮观。这些都是工作给华为员工带来的奇妙经历。

面对艰苦的环境和高强度的工作压力，华为人没有被吓倒，而是以一种乐观、积极、自然的心态去面对，并从工作、学习、奋斗、追求、进步中去领悟自己的那份成就感与幸福感。

华为内刊《华为人》上，一位曾在阿尔及利亚工作的华为人记述着这样一个故事："生活是美好的，前途是光明的，但道路是坎坷的。在阿尔及利亚，工作之外最困难的是衣食住行。

"第一次来阿尔及利亚，走在去Annaba的路上，忽然来了两辆警车，一前一后的把我们夹在中间往前走。我觉得很惊奇，出了什么事吗？同事笑着对我说，不要惊惶，在阿国，他们是接到信息后专门来保护外国友人的。哦，原来如此。一路上，警车开道，好不威风！到了目的地，当我们一定要请警察兄弟们吃顿饭时，他们却礼貌地拒绝了，把我们交接给当地警方后，很快就回去了！真是让人感动至极！

"当我和大家谈起这件事时，一位在阿尔及利亚生活工作了多年的朋友说，以前在首都，我们去买菜，警察都是派车来保护的。啊，可爱可亲的阿拉伯兄弟！慢慢地，我才知道，中国和阿尔及利亚有很好的邦交关系，20世纪50年代，中国就与阿尔及利亚建立了外交关系，目前已经有近半个世纪的情谊了！"

"饮食上，很多同事都不习惯，我们吃惯了中国菜，在这里，只有'棒子'面包、Pizza 和沙拉了，很多同事甚至还更愿意吃国内带来的方便面。"

"以前，阿国物品极不丰富，想买东西，很难买到，尤其到了冬天，这里的蔬菜更少，偶尔可以从中国建设集团的工地上买到'老干妈'，立即觉得生活质量上了一个档次。近一年，情况有了较大改观，一方面公司总部每两月会给我们寄一些慰问品，一方面阿国北部有了几个小菜市场，代表处也优化了食堂，在饮食上，大家觉得比以前好得多了。闲来无事时，我们也从网上搜索一两个喜欢吃的菜名来，自己尝试做两个中国菜，打打牙祭！有同事笑着说，吃了自己做的菜，半年不想家了！"

"同时，我们积极地融入到当地生活中，经常在周末和本地员工、当地朋友来一个烧烤，或者邀请客户打场篮球、踢场足球。生活在不断地更新、变化着，我们深深地感受到了阿拉伯民族的友好和热情，每到一处，都能感受到主人的地主之谊。闲暇之余，和他们一起谈天说地，一起吃手抓羊肉品尝咖啡，一起感受沙漠的深奥，一起欣赏地中海风情。"

在 2006 年的刚果（金）首都金沙萨。由于不接受总统选举落败的结果，副总统本巴的卫队与总统卡比拉的卫队发生了武装冲突。战事最激烈的时候，华为员工所在的宿舍楼被交战双方包围了起来。办事处 30 多个工作人员来不及撤离，全部被困住了。他们无计可施，只能自祈多福，希望火炮不要打偏了。

任正非在其题为《资源是会枯竭的，唯有文化才能生生不息》的演讲中谈道：

上甘岭一定会出很多英雄……你们要加快自己成长的步伐，在艰苦的地方奋斗，除了留下故事，还要有进步……新时代比以前提供了更好的条件，每分钟都要学，一直都要努力奋斗，去敢于斗争，努力学习，一定会进步的。

不要说我们一无所有，我们有几千名可爱的员工，用文化连接起来的血肉之情，它的源泉是无穷的。我们今天是利益共同体，明天是命运共同体。当我们建成内耗小、活力大的群体的时候，当我们跨过这个世纪，形成团结如一人的数万人的群体的时候，我们抗御风雨的能力就增强了，可以在国际市场的大风暴中搏击。

为了能让中国员工安心在海外发展，华为给出了高额的待遇作为吸引：除了每个月至少 6000 元人民币以上的工资之外，每天还有 40 ～ 70 美元不等的补助，具体数额更与工作环境的恶劣程度相关。

第五节　包容不同文化

中国人民大学商学院教授，《华为公司基本法》的起草者之一杨杜在接受采访时说道："华为的外籍员工比较多，世界各个国家、各种宗教的都有，核心文化和做事风格有很大的不同。针对不同点，企业有一些原则的改变，比如说语言上和国际化的礼仪上，商业贸易的规则上等等，华为的做法是收敛，收敛到大家都能接受的地步，来形成企业的核心价值观。"

华为在国际化市场拓展中，依靠本地员工快速切入市场，迅速了解了当地法律法规、客户特点和文化习俗，并节省了费用成本，提高了核心竞争力。

1999 年，华为来到沙特，从最初只有 2 人，发展到 2005 年底的 300 多人。沙特是一个纯粹的伊斯兰国家，每天都要做祷告，祷告时间一到，他们会成群结队地去清真寺，直到祷告结束后才回来继续干活。对此，华为沙特分公司的中方外派人员也都习以为常了，入乡就得随俗。

但随着海外市场的拓展，本地员工与中方员工的矛盾也凸现出来，首先是文化的"摩擦"。中东北非地区部在发展进程中，也出现过这种中外员工文化上的摩擦：一位中方员工与本地外籍员工开玩笑时，他拍了一下对方的臀部，这在中国，没人会介意，但在穆斯林地区，情况就不同了，那里的习俗是男人的身体不能触摸。以此为契机，华为组织培训了"伊斯兰文化"，并制作光碟发放给中东北非地区代表处培训学习，要求中方员工尊重并了解当地的文化、宗教、习俗，了解当地的法律法规。最重要的，华为认为要从制度、流程开始，以规范化的国际大公司形象出现。通过跨文化培训和制度流程规范建设，中方员工的言谈举止更加职业化了，不像以前那么随意，本地员工与中方员工的关系也更加和谐友好了。

2005 年，华为全球"优秀国际营销人员"辛文说，做海外市场，首先要理解当地的文化。唯有理解，才能化解其中种种的排他性，真正把外在的东西内化为自己的思维，接受它、爱它、享受它。任何企业，只有适应当地的文化，才可能获得当地市场。比如，沙特人们一天要祈祷 5 次，每次半小时。所以做工程要保证工期，须提前考虑这些因素，提前准备、提前预警、规避延期风险。另外，沙特的特点是节奏没有国内快，很重视亲情，所以不能像在国内常利用业余时间与客户联系，在这里需要采用全新的方式。

山西商人，尤其是首创中国历史上票号的山西票号商人，曾在中国历史上非常显赫。其重要原因之一，就是晋商虽是地方性商人，但由于商业活动遍及海内外，他们很重视吸收当地文化适应当地习俗。据《清稗类钞》载：山西票号伙友"在蒙古者通蒙语，在满洲者通满语，在俄边者通俄语。每日昏暮，伙友皆手一编，习语言文字，村塾师徒无其勤也"。旅蒙晋商大盛魁不仅要求伙友学会蒙语、俄语、维吾尔语、哈萨克语，熟悉蒙地习俗，而且要学会针灸和简单的医药，用以沟通商人和蒙民等少数民族的关系。可见，晋商经营文化，是经商实践活动中重视吸纳所到之地的文化，主动适应当地的文化习俗礼仪而形成的；是一种开放的、多元的文化。

可见，无论是在国际上，还是在国内区域都需要经营者与当地文化进行融合，以达到本土化，才可将事业发展壮大。

附录

任正非在英国代表处的讲话纪要

1.打开市场一定要抓住主要矛盾以及矛盾的主要方面，无论对所在国的大 T，地区部大 T，片区大 T，全球大 T，一定要有清晰的进取策略。

我上次在英国代表处讲话（2006 年 12 月 14 日），强调了精细化管理，就是在混乱中怎么走向治，乱中求治。但没有讲到治中求乱，也就是打破平衡继续扩张的问题。有些代表处执行起上次我在英国代表处的讲话来，有些偏差。我这次在墨西哥代表处讲了，市场不是绘画绣花，不光是精细化管理，一定要有清晰的进取目标，要抓得住市场的主要矛盾与矛盾的主要方面。进入大 T 要有策略，要有策划，在撕开城墙口子时，就是比领导者的正确的决策，有效的策划，以及在关键时刻的坚强意志，坚定的决心和持久的毅力，以及领导人的自我牺牲精神。只强调精细化管理，公司是会萎缩的。精细化管理的目的，是为了扩张不陷入混乱，而并非紧关城门。我们讲精细化管理，不等于不要扩张，面对竞争，我们还是要敢于竞争，敢于胜利的。只有敢于胜利，才会善于胜利。扩张和精细化管理并不矛盾,要把两者有效结合起来。前不久听了几个代表处汇报，汇报胶片面面俱到，像绣花一样，处处都绣得很精细，但是缺少了灵魂,没有抓住核心。简言之，就是没有抓住主要矛盾和矛盾的主要方面。大家看看在东北战场上，国共双方上百万兵力胶着在一起，双方统帅、高级将领如何抓住主要矛盾，以及抓住矛盾的主要方面的。浑水摸鱼，只有强者才能摸到鱼。

现在人力成本在上升，销售毛利在下降，只有扩大规模才能摊薄成本。一定要想方设法先撕开所在国大 T，地区部大 T，片区大 T，全球大 T 的口子，才有可能扩大销售额。因此，要继续扩张，攻城占池。撕开口子后通过精细化管理要尽快让已占领地区稳定下来，来提升效率和利润。主要矛盾抓住了，事情就好办了。

2.要加快以财务管理为中心的计划、预算、核算体系的建设，我们要以产品线、地区部、代表处为基本单元，建立计划、预算、核算体系。目的是为地区部、代表处及产品线的作战服务，而不是为了总部汇总一张财务报表服务。

机关要精简，流程要简单。我们要减少总部的垂直指挥和遥控，要把指挥所放到前线去，把计划、预算、核算放到前线去，就是把管理授权到前线去，把销售决策权力放到前线去，前线应有更多的战术机动，可以灵活地面对现实情况变化。后方要加强按计划预算进行服务，用核算监控授权。权力是受约束的，这样才能既授权又约束，指挥权才能下到一线，而总部也放心。将来的组织结构的部门数量从上到下是一个纺锤形。上部是总部机关，中部是地区部、产品线及其他执行部门，下部是代表处、生产线……总部机关小，部门少，是由有成功实践经验的人组成的，他们能理解前方的诉求，有清晰的战略与战术方向，决策准确，速度快，服务好。部门功能比较综合，因此部门少。中部承担了庞大的作战任务，由于有许多具体的专业支持要实施，部门分工比较细一些，因此部门会多一些。而基层在操作执行上，部门的职责要综合，不能与中部组织一一对应。否则就会协调太多，内耗严重，成为在前线的官僚主义。因此部门设置也比较少。

因此，近一阶段，我们就要继续缩短流程，精简及合并一些部门。使运作快捷、通畅、安全、可靠。EMT 决定：全流程管理点超过五个的必须经 EMT 批准，要把管理权与知会权分开来，多一些并联处理，少一些串联审批。

计划预算是最不好做的，因为它跟你的战略意图密切相关。地区部总裁、产品线总裁、代表处一把手是计划的头。计划要按你的战略意图做，按规范化的方法表达。

3.要敢于胜利，才能善于胜利。

回想当年董事长带着大家进攻 BT、Vodafone、Telefonica……的时候，我们真是蚍蜉撼树，不自量力。没有那时的勇敢精神，就没有今天的好局面。这是值得我们各级正职干部好好学习的榜样。各级管理部门，都要围绕不断地改善自己的工作，有效的符合全流程的效率，来支持公司的扩张。

我们要合理地调整我们挑选干部、培养干部的方法。如何选好部门正职与副职,正、副职是否可以有不同的培养标准与选拔标准。我认为副职一定至少要精于管理,大大咧咧的人,不适合做副职。副职一定要通过精细化管理,来实施组织意图,这就是"狈"的行为。正职必须要敢于进攻,文质彬彬、温良恭俭让、事无巨细、眉毛胡子一把抓,而且越抓越细的人是不适合做正职的。正职必须清晰地理解公司的战略方向,对工作有周密的策划,有决心,有意志,有毅力,富于自我牺牲精神。能带领团队,不断实现新的突破。这就是"狼"的标准。我们在评价正职时,不一定要以战利品的多少来评价。应对其关键事件过程行为中体现出的领袖色彩给予关注。

我们人力资源政策的制定,是以奋斗者为本的。公司的人力资源体系建设有了很大进步,薪酬、福利政策,保障制度,已经建立起来了,争取在未来几年内梳理完善,稳定下来。后备干部的建设比什么都重要,要把那些既有决心、有意志、有能力又懂管理的人提升到管理岗位上。江山代有人才出,不要太多的论资排辈。我们的干部要尽快成长起来,即能攻城,也要善于守城。管理进步,财务跟上,善于进攻,精于管理,为打大仗做好准备。

4.要减轻员工非主业务的负担,使他们更多精力聚焦在主业务上。

我们对一般员工的考核太多、太复杂,有些目的性并不明确。应该是干什么,学什么,考核什么,现在搞得面太广,员工负担较重。我认为对与主业务关系不大的负担要减轻。各级部门要认真清理,各级管理团队一定要注意把关。在一般性学习上,应由员工自愿参加,不应强制性,我们只选拔认同我们价值观的员工,有些人无意进入担当管理岗位,何必一定要逼着他呢?他多休息好一些,身体能好一些,工作也会好一些。盼望所有人都成为CEO,这是不实际的,期望太高了太累。我们各级主管,不应有工作或变革的亢奋症,事要一步一步地做,而且要留给基层足够的准备时间。

不要培训过度,也不要文化泛滥。特别是不要利用工作时间,做一些与工作无关的活动。

(任正非讲话时间为 2007 年 7 月 13 日,纪要发布时间为 2007 年 8 月 31 日)

第10章
启示篇

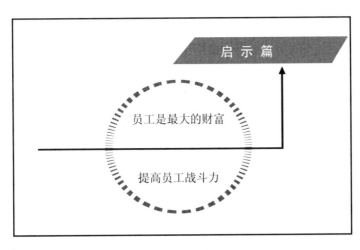

启 示 篇

员工是最大的财富

提高员工战斗力

在全球化经营环境下，公司内部管理必须持续保持激活状态，任何时候我们都不能放弃艰苦奋斗。

——华为总裁　任正非

第一节　员工是最大的财富

奋斗就是付出，付出了才会有回报。多年来，华为秉承"不让雷锋吃亏"的理念，建立了一套基本合理的评价机制，并基于评价给予激励回报。公司视员工为宝贵的财富，尽力为员工提供好的工作、生活、保险、医疗保健条件，为员工提供业界有竞争力的薪酬，员工的回报基于岗位责任的绩效贡献。

庞大的、占员工总数 85% 的知识型员工队伍，使华为与其他典型意义上的中国制造型企业有着明显的区别，有媒体形象地把华为称之为"知识力密集型"企业。

创立不久，华为就开始实行全员持股。华为也是国内最早将人才视为战略性资源的企业。

正是靠着员工持股，以及"绝不能让雷锋吃亏"等行之有效的激励机制，使华为建立了一支固若金汤的凶悍团队，并成功激发了他们的潜能，为其迅速发展壮大奠定了坚实基础。

单依靠物质激励还不行，正如任正非所说的：

我们要用物质文明来巩固精神文明，用精神文明来带动物质文明。

在华为的企业文化中，人力资源是很重要的组成部分，是华为持续发展的内在因素。在《华为公司基本法》中明确指出：

认真负责和管理有效的员工是华为最大的财富。

知识型员工的特点，用一句话来概括就是：作为追求自主性、个体化、多样化和创新精神的员工群体，激励他们的动力更多的来自工作的内在报酬本身。

20多年来，华为在人力资本上的持续投入相当惊人，仅公司培训中心的硬件投资就近10亿元，而国际上排名前10位的人力资源管理咨询公司，华为5年内就先后请了三家。

通常认为，华为之所以敢在人力资本上高投入，是因为它所获得的高利润足以支撑这个政策。其实，任正非早在《华为公司基本法》中就已经明确：

人力资本增值的目标优先于财务资本增值的目标。

华为前人力资源副总裁吴建国分析道："从华为的实施效果来看，任职资格体系的推行产生了重要的作用，首先，它用于人才选拔，建立了明确的行为评判标准，任职资格体系成为'竞聘上岗'的主要依据；其次，它给员工开辟了多条职业发展通道，有利于员工实现'与企业共同发展'的价值追求；第三是胜任力培养，通过资格认证，将员工的能力与标准进行比较，从中发现差距，从而进行系统的、有针对性的培养；第四就是为建立基于能力的薪酬体系打下了基础。另外，任职资格体系的建立，可以产生'人才竞争'的作用。"

第二节　提高员工战斗力

创业之初，华为根本没有资金，是创业者们把自己的工资、奖金投入到公司，每个人只拿很微薄的报酬，绝大部分干部、员工长年租住农民房。正是老一代华为人"先生产，后生活"的奉献精神，才让华为挺过了最困难的岁月，支撑起了华为的生存、发展，才有了今天的华为。

企业的高速发展时期，往往都会面临人员急剧扩张、但效率反而降低的问题。近些年，华为公司正面临着前所未有的发展机遇和挑战，员工队伍也以每年成千上万人的速度急剧增长。据统计，华为各产品线 2005 年以后入职的员工比例普遍高于 50% 以上，个别产品线甚至高达 70%。另外，华为大学的培训工作量、2006 年应届生招聘的规模、采购部承接的办公场地租赁申请等一系列数据，也从不同的角度反映出人员增长的迅猛速度。

与此同时，也不难发现一些明显的问题：华为软件编程规范考试，70% 的新员工不及格；原来一个项目组 10 个人做的工作，可能现在要 20 个人来做，而工作量实际并未增加多少；部分产品交付质量差，遗留缺陷密度呈上升趋势，客户满意度下降；讲奉献、讲奋斗的少了，谈条件、谈待遇的多了。大量主管跑步上岗，对基层员工的培养和绩效辅导严重不足，组织气氛淡漠，原有的经验和优良文化被大量稀释……

华为 2007 年底发布的《告全体员工书》中这样写道：

在全球化经营环境下，公司内部管理必须持续保持激活状态，任何时候我们都不能放弃艰苦奋斗。为此，2006 年以来，我们推行"以岗定级、以级定薪、人岗匹配，易岗易薪"的薪酬制度改革，用制度保障奋斗者得到合理的回报，落实公司"以奋斗者为本，不让雷锋吃亏"的价值导向。这次薪酬制度改革重点是"按责任与贡献付酬"，而不是按资历付酬。根据岗位责任和贡献产出，确定每个岗位的工资级别；员工匹配上岗，获得相应的工资待遇；员工岗位调整了，工资待遇随之调整。这次改革，受益最大的，是那些有奋斗精神，勇于承担责任、冲锋在前并作出贡献的员工；受鞭策的，是那些安于现状，不思进取，躺在功劳簿上睡大觉的员工。老员工如果懈怠了、不努力奋斗了，其岗位会被调整下来，待遇也调整下来。公司希望通过薪酬制度改革，实现鼓励员工在未来的国际化拓展中持续努力奋斗，不让雷锋吃亏。

企业成功的关键，不在于企业中拥有多少人才，而在于其运营机制的好坏。一个好的机制不但能够不断地造就人才，能够使优秀的人才脱颖而出，能够吸纳到更多的外部人才，能够使人才产生出高绩效，而且也能够使那些普通员工转化为企业所需要的人才。而一个没有活力的机制，不但会消磨人才的创造力，使之变为庸才，产生负向的破坏力，还会使优秀的人才用自己的脚去选择更有活力的机制。引进人才并不困难，困难的是让人才为企业所用。企业是否能够吸引、留住和有效使用人才，并不决定于企业是否出手大方，而在于能否构建人才脱颖而出的机制，在于是否具有人才发挥其作用的舞台。

什么样的机制缺乏活力？答案无疑是"大锅饭"的机制。因为在这种机制中，干与不干，干好干坏，干多与干少，创造价值与破坏价值，奉献与偷懒，得到的评价和获取的利益是无差别的，企业员工也因此缺乏开发人力资源和提升职业化能力的直接动力。没有落差，没有倾斜，没有矛盾，没有激励，就不会有动力。这种机制对员工产生的导向是，减少个人的劳动投入和智力投入，使个人投入在低水平上保持与回报的一致。所以大锅饭现象概括起来讲，就是干部能上不能下，员工能进不能出，工资能高不能低。在这种机制下，好人会变成坏人，好人会不干好事。

什么是有活力的企业机制？

企业机制的关键在于，不能让雷锋吃亏，奉献者定当得到合理回报。当为企业作出贡献的员工不吃亏的情况下，会有更多的员工增加自己的投入，因为一个生机勃勃的企业机制，其基本的原理在于能够激励与回报那些为企业创造价值的员工。

2009年3月，任正非在销服体系奋斗颁奖大会上讲道：

我们要继续坚持以有效增长、利润、现金流、提高人均效益为起点的考核（条件成熟的地方，可以以薪酬总额为计算基础），凡不能达到公司人均效益提升改进平均线以上的，体系团队负责人、片区、产品线、部门、地区部、代表处等各级一把手，要进行问责。在超越平均线以上的部门，要对正利润、正现金流、战略目标的实现进行排序，坚决对高级管理干部进行末位淘汰，改变过去刑不上士大夫的做法，调整有一线成功实践经验的人补充到机关。

第三节　用制度发挥员工的能动性

华为员工的流动性并不小，但很少是被挖走的，大多数是主动出去创业的。这种现象归功于华为对员工的任职资格管理。华为从绩效考核转向任职资格管理，可以说正是这个转变的一个重要探索，应该说，任职资格管理是中国企业在探索新的管理模式上的最佳实践之一，它被任正非视为华为过去 10 年的三大成功变革之一，也备受业界推崇和效仿，已经显示了其强大的生命力。

要让员工积极创造成为自发行为，而不必受困于或过度依赖于发奖金、处罚等胡萝卜加大棒之类的外在手段。想要做到这一点，就需要进一步把目标的实现与员工的利益联系起来，确保价值创造、价值评价、价值分配规则的清晰、稳定。华为的任职资格体系较好的回答了这个问题。

在有的公司，工程师就是工程师，可能一辈子都没有变化，员工越做越没有希望。而在华为，工程师被分为五级，从初级工程师到专家，能覆盖员工整个职业生涯阶段的能力、责任与贡献的特点，同时，除了上述的技术通道外，有管理潜质的技术人员也可以申请往管理方向发展。通过任职资格的认证，处在不同等级的员工获得相应的回报，从初级工程师的一般性薪酬福利到专家所能获得的股权、专业决策权、配备技术助理等不同，这符合公司的业务需求，也涵盖了员工不同职业生涯阶段的个人需求。

1. 从秘书开始

借鉴英国 NVQ 企业行政管理资格认证，建立了文秘的行为规范，提高了工作效率，还解决了秘书的职业发展通道问题，极大地促进了秘书的积极性。

2. 确定任职资格

员工可以根据自身的任职资格，对照自己的工作流程。华为在引进 NVQ 体系的试点工作中，组织文秘和有关管理人员对国际企业行政管理标准进行了认真的学习，对照标准要求来考核工作，使员工们明确了工作改进的目标和文秘人员的职业发展通道。资格体系做好后，秘书们终于明白了自己发展的方向。华为秘书的职业能力迅速提高，像电脑管理、文档管理、电话处理，别的单位得招三个人来做，在华为一人足矣。华为还建立了资格认证部，组织培训了专门人员负责文秘人员的考评工作，同时还带动了公司员工的培训工作。

3. 推进过程三位一体

到 1999 年，华为的人力资源管理架构基本成形，包括绩效管理体系、薪酬分配体系和任职资格评价体系。

在华为，6 个培训中心统统归属于任职资格管理部之下，乍看不可思议，其实顺理成章。许多企业都为之头痛的培训无效问题，往往是由于缺少任职资格体系，无法得知"现有"和"应有"的差距。而在华为，有了任职资格体系，从某一级升到上一级，需要提高的能力一目了然，培训便具有针对性。

以明确的管理和专业技术双重职业发展通道为基础，华为的任职资格管理包括任职资格标准开发和任职资格认证两个部分。

1. 任职资格标准开发。华为的任职资格标准包括资格标准和行为标准两个方面的内容。资格标准是任职资格不同能力级别表现出来的特征，如知识、经验和技能等的总和。它强调的是员工在专业领域中处在什么样的位置上，是员工技能水平的标尺，主要包括必备知识、专业经验、专业技能和专业成果四个部分。其中，专业技能是资格标准的核心，而行为标准则是完成某一业务范围工作活动的成功行为的总和。它强调的是员工做了什么，怎么做的，是员工职业化水平的标尺，主要包括行为模块、行为要项和行为标准项三个部分。

2. 任职资格认证。华为员工的任职资格认证包括两个方面，即任职资格等级评定和任职资格行为能力评价。由于两者的着眼点、评价标准都不一样，在评价程序上就需要区别对待。任职资格等级评定一般要经过必备知识测评、员工自检、资格等级评定会议和资格等级评定结果审核、资格等级评定结果反馈等程序。而任职资格行为能力评价主要采用行为能力日常评价与行为能力面谈会两种方法，根据企业的实际情况，或者两种方法择一，或者结合起来使用。[1]

---

[1] 洪亮，周艺萍.华为的任职资格管理探索与实践.中国培训，2009.4

第四节　以客户为中心

在华为，随处可见"聚焦客户、诚实守信"的信条。华为客户导向的理念不仅仅体现在市场的范畴。以客户为导向、以客户为中心的意识，犹如血液一般在华为人的心里流淌、蔓延。在技术开发方面，华为认为"基于客户需求的创新才会创造价值、形成竞争力"。任正非在 2005 年的一次讲话中，如是说：

10 年以前，华为就提出：华为的追求是实现客户的梦想。历史证明，这已成为华为人共同的使命。以客户需求为导向，保护客户的投资，降低客户的 CAPEX 和 OPEX，提高了客户的竞争力和赢利能力。至今全球有超过 1.5 亿电话用户采用华为的设备。我们看到，正是由于华为的存在，丰富了人们的沟通和生活。今天，华为形成了无线、固定网络、业务软件、传输、数据、终端等完善的产品及解决方案，给客户提供端到端的解决方案及服务。全球有 700 多个运营商选择华为作为合作伙伴，华为和客户将共同面对未来的需求和挑战。

华为长期执行基于客户需求导向的人力资源及干部管理制度。客户满意度是从总裁到各级干部的重要考核指标之一。华为的外部客户满意度是委托盖洛普公司调查的。客户需求导向和为客户服务蕴含在干部、员工招聘、选拔、培训教育和考核评价之中，强化对客户服务贡献的关注，固化干部、员工选拔培养的素质模型，固化到招聘面试的模板中。任正非表示：

因为对未来不清晰、不确定，可能会付出了极大的代价。但我们肯定可以找到方向的，找到照亮这个世界的路，这条路就是"以客户为中心"，而不是"以技术为中心"。

华为给每一位刚进公司的员工培训时都要讲《谁杀死了合同》这个案例，因为所有的细节都有可能造成公司的崩溃。华为注重人才选拔，但是前3名的学生不考虑，因为华为不招以自我为中心的学生，他们很难做到以客户为中心。现在很多人强调技能，其实比技能更重要的是毅力，比毅力更重要的是品德，比品德更重要的是胸怀，要让客户找到感觉。[②]

对于研发人员，任正非强调：

研发体系大多数人都是工程师，渴望把技术做得很好，认为把技术做好才能体现自己的价值。简简单单地把东西做好，在研发中也许评价是不高的，而把事情做得复杂，显得难度很大，反而评价很高。这就不是以客户为中心，客户需要实现同样目的的服务，越简单越好。我们要使那些能把功能简简单单做好的工程商人得到认可，才能鼓励以客户为中心在研发中成长。因此我希望大家不仅仅做工程师，要做商人，多一些商人的味道。

这个世界需要的不一定是多么先进的技术，而是真正满足客户需求的产品和服务，而且客户需求中大多是最简单的功能。华为在创业初期是十分重视客户需求的。当时，客户要什么我们就赶快做什么，这帮助我们实现从农村走向城市。但当我们壮大后，就想把自己的意志强加给客户。客户需求量大但技术简单的东西，我们不去认真做到最好，反而客户不怎么用但技术很尖端的东西，我们却耗费很大的精力和成本做到最好，这就是工程师，就是以技术为中心。

西方国家认为，最重要的是管理而不是技术，但在我们国家，很多人认为最重要的是技术。因此，在国内，重技术轻管理，重技术轻客户需求，还是比较普遍的。但主宰世界的是客户需求。我希望大家改变思维方式，要做工程商人，多一些商人味道，不仅仅是工程师。要完成从"以技术为中心"向"以客户为中心"转移的伟大变革。

---

① 华为开展人力资源管理变革策略，三权分立.IT时代周刊，2005.7

第五节　人才本土化重在引导

全球化和本土化战略是华为克服海外"水土不服"的重要举措,本土化已经成为华为企业文化的标志之一。

例如,在华为摩洛哥公司是一个跨文化的团队,有中国人、摩洛哥人、埃及人。同时,也是一个本土的公司,华为摩洛哥办事处有 400 多员工,70% 左右都是当地员工。从进入摩洛哥到现在,中方员工的比例越来越少。华为摩洛哥子公司的管理层中,一半是非中国人。华为员工的薪酬和福利在摩洛哥并不是最高的,但公司从初创时的 8 名员工人发展到 400 余人,给员工提供发展空间却是其他公司所无法相比的。

在海外工作的中国员工,由于语言或文化等方面的原因,往往很难融入当地生活。但在华为的跨文化团队里,来自不同地区的员工相互尊重、相互学习。一些中方员工还同当地员工结婚生子。不仅如此,华为还积极履行社会责任,赞助当地的教育、妇女、儿童和环保事业。2010 年 4 月,当时波兰总统飞机失事,华为与波兰的 TPSA——当地的一个通讯运营商一起成立了空难基金会,帮助在空难中失去父母的儿童。本土化是华为实施的很正确的战略。它向华为的客户发出了一个信号,那就是华为不止是对赚钱感兴趣,而且还想成为当地社会、当地生活的一分子。

将高管派驻印度之前,华为公司通常会提醒他们取一个印度当地名字,以更好地融入印度本土文化。当华为需要与印度当地公共部门打交道时,也会派出专门人员出面。20 世纪 90 年代华为在印度建立分公司以来,"印度化"已经成为华为历经困难却能够生存下来的重要因素。此外,华为印度分公司 2011 年还雇佣 4 名印度本土高级管理人员,意在使其管理更加"本土化"。

华为的本土化战略中除了给当地提供就业机会、培训人才和依法纳税外,还积极履行社会责任,赞助当地的教育、儿童和慈善事业。

但凡跨国公司在海外设立办事机构，实行本土化战略是它们入乡随俗的必经之路。不过，本土化固然有其地利人和的优势，但是也存在着固有的弱点。因此，华为在海外机构本土化过程中，与其他公司不同，并非一味迎合，它更注重的是对当地文化的"包容性"和"引导性"。

在墨西哥，华为的本土化战略相对而言比较彻底。华为完全按照本地的节假日作息，按照本地的风俗给员工过生日，按照本地员工的习惯上下班。由于墨西哥城塞车很严重，因此，华为允许员工上班时间可以稍微迟些。

随着"本土化"经营策略的逐步实施，华为海外机构的中外员工比例不断发生变化。在华为印度分部，已由最初的中方技术骨干挑大梁变为印方技术人员居大多数，同时，华为每年都要从当地应届大学毕业生中，选拔一批软件专业人才，而他们所创造的效益也颇引人注目。华为印度公司所开发的软件，几乎涉及华为技术公司的所有最新产品。

参考文献

1. 李信忠. 华为的思维：解读任正非企业家精神和领导力 DNA. 东方出版社，2007.5

2. 张贯京. 华为四张脸. 广东经济出版社，2007.4

3. 王永德. 狼性管理在华为. 武汉大学出版社，2007.1

4. 刘世英，彭征明. 华为教父任正非. 中信出版社，2008.1

5. 张力升. 军人总裁任正非. 中央编译出版社，2008.8

6. 王育琨. 企业家的梦想与痴醉：强者. 北京理工大学出版社，2006.8

7. 程东升，刘丽丽. 华为经营管理智慧：中国土狼的制胜攻略. 当代中国出版社，2005.5

8. 汤圣平. 走出华为. 中国社会科学出版社，2004.11

9. 李尚隆. 削减成本 36 招. 机械工业出版社，2009.8

10. (美) 德鲁克. 蔡文燕译. 创新与企业家精神. 机械工业出版社，2007.1

11. 元轶. 柳传志谈管理. 海天出版社，2009.8

12. 任伟. 王石如是说. 中国经济出版社，2009.1

13. 张正顺. 卓越体系铸金牌员工：解密三星培训之道，机械工业出版社，2008.8

14. 陈守龙. 好员工会省钱. 人民邮电出版社，2009.3

15. 程东升，刘丽丽. 华为老总任正非的人才秘技. 腾讯网，2005.4

16. 木子研. 三条途径打造高效沟通机制. 中国管理传播网，2007.12

17. 冀勇庆. TCL 国际化冒进尝下苦果，四年补齐管理短板. IT 经理世界，2007.12

18. 谢安. 任职资格与素质模型的区别：一统的人才管理方案. 中华品牌管理网，2009.5

19. 联想集团董事局主席柳传志演讲. 搜狐 IT，2003.11

20. 柏文. 思科：别具一格的人才策略. 新华网，2005.11

21. 陈娟. 华为的薪酬体系：给人才狼的 DNA. 中国经营报，2004.7

22. 刘晓峰，杨阳腾. 生生不息的原动力. 经济日报，2009.6

23. 吴建国，任正非寻找海外接班人. IT 经理世界，2003.10

24. 冯禹丁. 孙嗄芳：华为的另半边天. 商务周刊，2008.3

25. 华为孙亚芳：沟通成就魅力. 管理学家，2009.7

26. 孙亚芳：曾在华为最危急的时候"挽救过华为". 世界企业家，2009.8

27. 丘慧慧. 华为如何用人. 21 世纪经济报道，2009.8

28. 刘丁. 任正非：菊花与刀锋并举. 南方周末，2008.12

29. 陈颖，秦源. 华为职业管理：从秘书开始商界评论，2007.12

30. 马晓芳. 华为向员工大规模发放期权，融资 70 亿备战寒冬. 第一财经日报，2008.12

31. 陈颖，孙晔，沈海龙. 日本企业人力资源管理模式分析及对我国的借鉴. 中小企业管理科技，2009.10

32. 陈万颖. 为华为辞职门细算盈亏账. 青年周末, 2007.11

33. 杜舟. 华为辞职门: 一场发生在错误时间的人事变革. IT 时代周刊, 2007.11

34. 华为辞职风波与老员工的合同危机. 北京青年报, 2007.11

35. 华为"辞职门"事件回放. 管理 @ 人, 2007.11

36. 汪言安. 华为员工的新烦恼: 下一个 8 年工龄之忧. 经济观察报, 2008.7

37. 丘慧慧. 华为应对新《劳动合同法》, 万名员工自选去留. 21 世纪经济报道, 2007.10

38. 我所经历的华为"集体大辞职". 中国经营报, 2007.11

39. 杨光. 华为万人辞职事件依然难掩. 经济观察报, 2008.7

40. 汤涌, 王睿. 华为"工龄归零"调查, 斥资 10 亿元消除"工号文化". 新世纪周刊, 2007.11

41. 丘慧慧. 华为: 铁打的营盘. 21 世纪经济报道, 2006.3

42. 一民. 华为: 内部创业让员工做老板. 市场报, 2005.8

43. 王永德. 狼性管理在华为. 吉利汽车报, 2008.1

44. 施胜文. 华为如何开展人力资源管理变革. IT 时代周刊, 2005.7

45. 康钊. 华为推出招聘新法则. 中华工商时报, 2008.12

46. 木子斫. 华为"全员导师制"值得民企借鉴. 人才资源开发, 2008.2

47. 何雄飞. 华为可能是中国最累的企业. 新周刊, 2007.9

48. 韩成栋. 华为之困. 知识经济, 2006.2

49. 王猛. 探访华为三代辞职人"公司不是你家"很伤人. 北京晨报, 2007.12

50. 华为、美能达的绩效考核秘诀. 全球管理, 2007.3

51. 华为接班人谜题难解: 谁来接掌任正非的权杖. 环球企业家, 2003.8

52. 华为"末位淘汰制"再惹争议 或将集体维权. 新闻晨报, 2009.4

53. 末位淘汰: 双面佳人. 人力资本, 2005.1

54. 洪亮, 周艺萍. 华为的任职资格管理探索与实践. 中国培训, 2009.4

55. 华为回应老员工辞职竞岗, 称是贯彻新劳动合同法. 南方都市报, 2007.11

56. 侯梅新. 华为的成功人才战略被误读了. 南方都市报, 2007.11

57. "华为辞职"事件带来的法律反思. 法制日报, 2007.11

58. 凌光. "华为事件"不是"双输", 而是共赢. 南方周末, 2007.11

59. 有关部门回应辞职门事件: 未发现华为违法. 深圳商报, 2007.12

60. 叶志卫, 吴向阳. 医生称胡新宇非过劳死, 华为称网友误解加班文化. 深圳特区报, 2006.6

61. 全员持股在美国是一种福利. 中国经营报, 2007.9

62. 丘慧慧. 华为: 人才国际化与"去英雄主义". 21 世纪经济报道, 2009.8

63. 吴建国. 集体辞职与内部创业——解读华为的新老接替. IT 经理世界, 2004.2

64. 吴建国. 华为另类接班人模式. 世界经理人周刊, 2003.12

65. 丘慧慧. 华为管理变革: 英雄远去, 职业化到来. 21 世纪经济报道, 2006.11

66. 华为: 职业化发展管理提速执行力. 培训, 2008.9

67. 王博. 调查显示: 中国员工只有 16% 敬业, 33% 正准备跳槽. 北京青年报, 2007.11

68. 焦立坤. 中兴华为巨量招聘争夺 3G 人才, 总体规模超四千人. 北京晨报, 2009.10

69. 胡勇. 华为的大平台与"拧麻花". 创业家, 2008 (4)

70. 周灿. 思科: 与众不同的购并人才策略. 易才, 2005.3

71. 胡涛. 任正非: 要快乐地度过充满困难的一生. IT 时代周刊, 2008.4

72. 华为逆市为员工疯狂加薪, 全员持股比例高达 98.58%. 万家资讯, 2011.6

73. 徐太礼. 新员工培训的油水理论. 牛津管理评论, 2010.4

74. 丁际交 . 略论企业员工招聘管理 . 经营管理，2010.10

75. 轮值 CEO 华为接班制度新探索 . 硅谷动力，2012.4

76. 初笑钢 . 任正非的七种武器 . 机械工业出版社，2011.5

77. 杨云 . 简化——流程管理的精髓 . 价值中国网，2010.3

78. 华为赶超爱立信：150 亿美元研发与 10 年增长 . 深圳新闻网，2012.2

79. 华为的全员中产阶层路径 . 长江商学院，2011.12

80. 张贯京 . 华为四张脸 . 广东经济出版社，2007.4

81. 马晓芳 . 华为试水内部创业始末 . 第一财经日报，2012.3

82. 华为的全员中产阶层路径 . 长江商学院，2011.12

83. 赵森 . 从华为的大规模"裁员"看"工号文化" . 企业家天地，2007.12

后记

　　在《华为的人力资源管理》写作过程中，作者查阅、参考了与华为和任正非有关的大量文献和作品，并从中得到了不少启悟，也借鉴了许多非常有价值的观点及案例。但由于资料来源广泛，兼时间仓促，部分资料未能（正确）注明来源及联系版权拥有者并支付稿酬，希望相关版权拥有者见到本声明后及时与我们联系（huawei_rlzy@126.com），我们都将按国家有关规定向版权拥有者支付稿酬。在此，表示深深的歉意与感谢。

　　由于写作者水平有限，书中不足之处在所难免，诚请广大读者指正。另外，感谢杨进、吴坤弟、赵仁拓、黄世佳、赖亚发、赵会利、周仁敏、王小丹、吴冠深等人参与编写此书所付出的辛勤劳动。